디모데의 일기

디모데의 눈으로 본
바울의 **3차 전도여행** 이야기

진 에드워즈

생명의말씀사

THE TIMOTHY DIARY
by Gene Edwards

Copyright © 2000 by Gene Edwards
Originally published in English under the title *The Timothy Diary*
published by SeedSowers Publishing House, PO Box 3317,
Jacksonville, Florida, 32206 USA
All rights reserved.

Korean Edition published by Word of Life Press, Seoul 2017
Translated and published by permission.
Printed in Korea.

디모데의 일기

ⓒ 생명의말씀사 2017

2017년 9월 22일 1판 1쇄 발행
2025년 6월 13일 5쇄 발행

펴낸이 | 김창영
펴낸곳 | 생명의말씀사

등록 | 1962. 1. 10. No.300-1962-1
주소 | 서울시 종로구 경희궁1길 6 (03176)
전화 | 02)738-6555(본사) · 02)3159-7979(영업)
팩스 | 02)739-3824(본사) · 080-022-8585(영업)

기획편집 | 구자섭, 이은정
디자인 | 조현진, 윤보람
인쇄 | 영진문원
제본 | 다온바인텍

ISBN 978-89-04-16604-6 (03230)

저작권자의 허락 없이 이 책의 일부 또는 전체를
무단 복제, 전재, 발췌하면 저작권법에 의해 처벌을 받습니다.

디모데의 일기

The Timothy Diary

목차

프롤로그 · 6

1 예루살렘에 이르다 · 9
2 제사장 앞에서 시험을 치르다 · 14
3 예루살렘의 유월절 모습 · 19
4 예루살렘에서 유월절 절기를 지내다 · 24
5 예루살렘에서 베드로를 만나다 · 30
6 예루살렘에서 안디옥에 이르다 · 39
7 믿음의 동역자 디도를 만나다 · 49
8 바울의 여섯 명의 제자 · 54
9 고린도 교회에 위기의 조짐이 나타나다 · 64
10 고린도 교회의 위기 · 68
11 예루살렘 교회 소식을 듣다 · 71
12 안디옥 교회를 떠나 에베소로 향하다 · 77
13 에베소에 드디어 도착하다 · 83
14 에베소에서 브리스길라와 아굴라를 만나다 · 91
15 두란노 서원에서의 첫 모임 · 102
16 에베소에서 두 젊은이의 회심 · 106
17 에베소에서 빌레몬과 에바브라를 만나다 · 111

18	두기고와 드로비모와 에바브라를 받아들이다 · 119	
19	바나바가 보낸 뜻밖의 편지 · 123	
20	베드로 사도가 고린도에 도착했다는 소식을 듣다 · 132	
21	로마 제국의 변화 전조와 파송 계획 · 136	
22	브리스길라와 아굴라에게 로마에 갈 것을 권유하다 · 145	
23	위기의 시대 · 155	
24	고린도 교회 소식을 듣다 · 167	
25	고린도 교회 소식을 자세하게 듣다 · 175	
26	에베소에서 일어난 놀라운 사건 · 188	
27	고린도 교회에 대해 의견을 주고 받다 · 198	
28	고린도 교회에 편지를 쓰다 · 205	
29	고린도 교회에 보낼 편지를 마무리하다 · 232	
30	브리스길라가 로마에 집을 구하다 · 247	
31	바울이 준비한 놀라운 계획 · 250	
32	고린도 교회에 보내는 편지를 다시 들려주다 · 255	
33	고린도로 떠나는 디도 · 257	
34	바울이 에베소를 떠나다 · 268	

에필로그 · 270

프롤로그

나는 루스드라의 디모데이다.

내 소중한 친구, 안디옥의 디도가 로마 병사들의 손에 죽었다는 소식을 들었다. 크레테 섬에서 최후를 맞았다고.

오늘 나는 디도에게 약속한 일에 착수하기로 했다. 그것은 바로 바울의 전도여행기를 계속해서 써내려가는 것이다. (디도가 『디도의 일기』에서 펜을 놓은 부분에서부터 시작할 예정이다.) 따라서 앞으로 여러분이 읽게 될 이야기는 바울의 에베소 여행에 관한 이야기가 될 것이다.

바울의 3차 전도여행인 이번 여행은 1, 2차 전도여행과는 확연히 다르다. 이번 여행은 바울의 꿈이 이루어진 여행이었다. 바울이 자신의 뒤를 이을 제자들을 훈련시킨 곳이 바로 에베소였기 때문이다.

이 이야기를 씀으로써, 나는 디도에게 한 약속을 지킬 뿐만 아니라 바울이 교회 개척자들을 훈련시킨 방식에 대해 독자 여러분의 이해를 도울 수 있으리라 생각한다. 이 일을 하는 데서 얻을 수 있는 기쁨이 많지만, 특히 나를 기쁘게 한 한 가지는 이 놀라운 이야기에서 디도가 한 역할을 알릴 수 있다는 점이다.

디도는 그의 이야기(디도의 일기: 바울의 2차 전도여행에 관한 이야기)를, 바울과 내가 유월절을 지내러 예루살렘 성내에 들어가려 하는 대목에서 끝맺었는데, 그것은 참으로 탁월한 선택이었다. 나는 디도가 끝맺음한 바로 그 부분에서부터 이야기를 이어나가고자 한다.

이제 나와 함께 예루살렘으로 가보자. 한 젊은이가 설레는 마음으로 성문을 통과하려 하는 그곳으로. 그러나 성문을 통과하는 그 단순한 행위는 생각보다 복잡했다.

예루살렘 성벽

1
예루살렘에 이르다

"디모데 형제, 예루살렘 성문일세! 이곳을 지나 거룩한 도시로 들어가세나." 바울이 말했다.

우리는 성문을 통과하여 예루살렘으로 들어갔다. 그러나 그 다음에 이어진 바울의 말은 나를 놀라게 했다. "예루살렘 거리를 배회하지는 않도록 하게. 이곳에서 자네는 안전하지 않으니까."

"어째서요?" 나는 깜짝 놀라서 물었다.

"자네는 그리스인처럼 보이니까. 그게 이유일세." 바울이 대답했다.

"사실 자네는 내가 본 사람 중 가장 그리스인처럼 생겼어. 그래서 더 위험할 수 있지. 성전에 가까이 갈수록 더 그렇다네. 요즘 예루살렘은 여느 때 같지 않아. 이방인들에 대한 적대감이 최고조에 달해 있지. 특히 축제 때, 그 중에서도 유월절 축제 때에는 적대감이 더 심하다네."

"그렇지만 저는 유대인인걸요. 할례 받은 유대인이오." 내가 항의했다. "선생님도 아시잖아요. 직접 제게 할례를 베푸셨으니까요. 제겐 성전에 들어갈 권리가 있어요."

"성전 뜰에 들어갔을 때 자네가 할례 받은 사실을 증명할 수 있겠나?"

"음, 아니오… 하지만 저는 할례 받은 유대인이라고요."

"자네는 성전에 숨어들어온 이방인으로 오인 받을 수도 있어. 지금 같은 시기에 그런 오해를 사는 것은 매우 위험한 일이야."

"선생님과 함께 있어도요?"

"나? 이 다소의 바울 말인가? 자네가 아브라함 이래 가장 유대인처럼 보이는 유대인이라고 해도 나와 함께 있으면 위험해."

"그리스 고린도에서부터 그 먼 길을 왔는데, 예루살렘 성전을 볼 수 없다는 말씀인가요?"

"방법이 있네. 그 방법을 알려주지. 하지만 지금은 성전 제단에 가야 하네. 겐그레아의 회당에서 한 서원을 마무리해야 하니까. 가서 서원할 때 한 말을 되풀이한 후, 머리카락 자른 것을 제단의 불 속에 던져 넣어야 한다네." 바울이 미소 지었다.

"'칼잡이들'이 나를 뒤쫓지 않는 한(그리고 삭발한 나를 알아보지 못하는 한) 제단의 불 속에 머리카락을 던져 넣는 삭발한 사람은 유대인으로 받아들여질 거야. 자네 같은 사람들을 위해서는 유대인처럼 보이지 않는 유대인들을 위한 규정이 따로 있다네."

"그렇겠지요." 나는 조급증이 났다.

"자네가 해야 할 일은 이걸세. 바로 제사장들 앞에 나아가 자네가 유대인임을 증명해 보이는 것."

"어떻게요?"

"저들이 하는 방식이 있네." 바울은 내가 초조해하는 것을 즐기는 게 분명했다.

"자네는 많은 질문을 받게 될 거야. 질문하는 제사장은 자네의 대답을 죄다 미심쩍어 할 테고. 게다가 자네는 신문을 받게 될 걸세."

"말도 안 돼요!" 내가 다시 항의했다.

"이렇게 생각하면 어떻겠나? 나중에 안디옥에 돌아가서 디도를 만났을 때 들려줄 이야깃거리가 생겼다고 말일세."

"신문이 끝난 후 제사장들이 자네의 성전 출입을 허락해준다면(그럴 리는 없겠지만), 성전 뜰로 통하는 동문에서 보세. 만약 허락이 떨어지지 않으면 성전 근처에는 얼씬도 하지 말고 이곳으로 돌아오게. 제사장들의 허락 없이는 예루살렘에 들어가서는 안 돼. 유월절 축제가 끝날 때까지는 말이야."

"좀 더 자세히 말씀해주시면 안 되겠습니까? 적어도 제사장들이 무엇을 물어볼지에 대해서는 말씀해주실 수 있지 않나요?" 나는 주저하며 말했다.

"그리고 그 대답도요." 바울은 웃음을 터뜨렸다.

"자네 어머니와 외할머니가 자네를 잘 가르쳤기를 바라자고. 만약 잘 가르치지 못했다면 자네는 유월절 축제를 즐기지 못하게 될 걸세. 자네가 알아야 할 것은 이게 전부라네. 이제 나는 서원을 마무리하러 가보아야겠네. 동문 아니면 이곳에서 다시 보세나. 자네가 유월절 축제에 참가할 수 있을지 여부는 제사장들이 결정해줄 거야. 이것이 우리의 방식이라네. 그러니 착한 유대인이 되어 유대의 관습을 따르게."

"시험에 통과하지 못할 확률이 얼마나 될까요?"

"그리 높지 않을 거야. 자네가 유대인이니 한 말일세." 바울은 웃음을 터뜨렸다.

그 말을 끝으로 바울은 성전을 향해 발걸음을 옮겼다. 나는 내키지 않는 마음으로 내 운명을 결정해줄 제사장들을 찾아나섰다.

그때는 알지 못했지만 당시 바울과 나는 큰 위험에 처해 있었다. 하지만 나보다 바울이 훨씬 더 위험했다.

바로 그 순간, 칼잡이들이 바울을 뒤쫓고 있었던 것이다. 살해하기 위해서가 아니라 나중에 그를 암살하기로 결정했을 때를 대비하여 미리 얼굴을 익혀두고자 함이었다. 그러나 주님의 자비로, 우리가 예루살렘에 머무는 동안 칼잡이들은 한 번도 바울을 보지 못했다. 아마도 머리를 삭발한 탓일 것이다. 머리가 그래가지고는 친한 친구도 알아볼 수 없을 테니까.

반면에, 나는 너무 눈에 잘 띄는 게 문제였다. 나를 노려보는 사람들의 성난 눈초리에서 나는 그것을 알 수 있었다. 모두들 나를 이교를 믿는 이방인으로 여겼다. 이스라엘에는 긴장이 고조되어 있었고, 따라서 유대인으로 가장하고 유월절 축제에 참여하는 이방인을 반길 사람은 아무도 없었다.

약속 장소에 도착했을 때쯤 나는 기꺼이 예루살렘을 떠날 준비가 되어 있었다. 어디를 가든 나를 향한 적의가 느껴졌기 때문이다. 게다가 그때는 몰랐지만, 내가 유대인임을 증명하기란 너무도 어려운 일이었다. 그것을 나는 곧 알게 되었다.

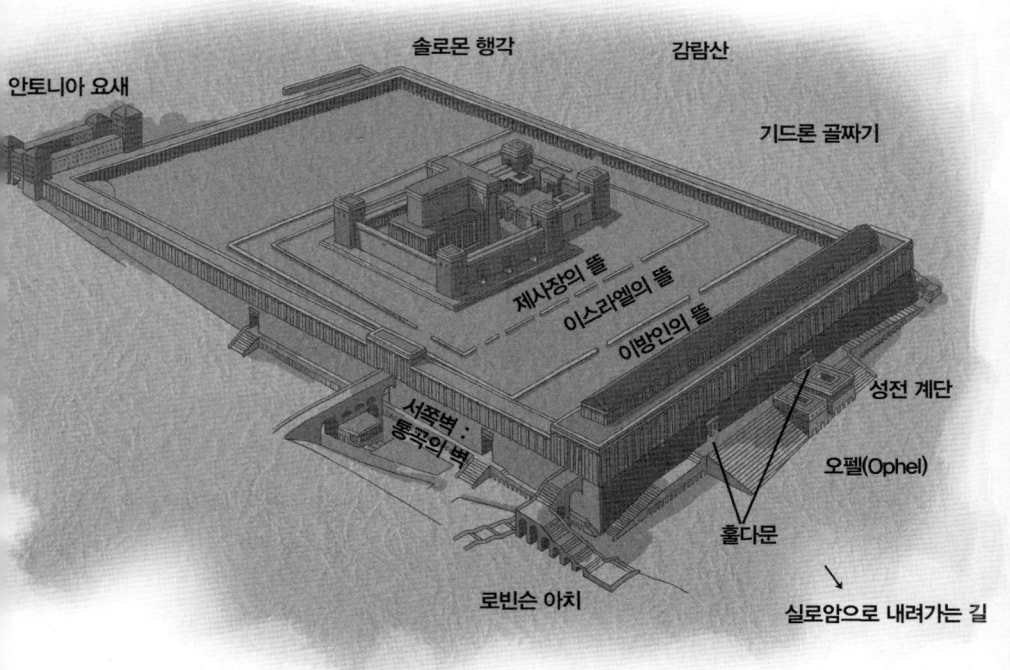

주후 70년 성전산 가상도

2
제사장 앞에서 시험을 치르다

"자네는 유대인이 아니야. 유대인인 체하고 몰래 성전에 숨어들어와, 우리의 비밀을 염탐하려 하는 이방인이지." 제사장이 말했다.

"아니에요! 저는 유대인입니다."

제사장은 내게 의심의 눈길을 보냈다.

"아니, 자네는 이방인이야. 그리스인이지. 나는 해마다 유월절이 되면 이 일을 해왔기 때문에 이방인을 구별해내는 데 능하다네. 자네는 이방인이야. 사실 자네는 내가 이제껏 보아온 중에 가장 그리스인처럼 생긴 그리스인이지."

"그런 말을 듣는 게 이번이 처음은 아닙니다."

나는 한숨을 내쉰 후 되도록 침착하게 그를 납득시키려 애썼다.

"저는 유대인입니다. 유대인에게 할례 받은 유대인 말입니다. 바리새인에게서 할례를 받았지요."

"자네 아버지는 유대인이고 자네 어머니는 이방인이야!"

"아니오, 제 어머니는 유대인입니다. 아버지는 이방… 음, 그리스인이고요."

"율법을 말해보게."

"십계명을 말씀하시는 건가요 아니면 율법 전체를 말씀하시는 건가요?"

"620조에 달하는 모세 율법을 전부 다 말할 수 있겠나?"

"아니오, 대개 한두 가지는 잘 기억나지 않습니다."

"나도 그렇다네." 제사장이 처음으로 의심의 끈을 늦추었다.

"아브라함에 대해 말해보게." 그가 퉁명스럽게 말했다.

내 대답은 그다지 현명한 것이 못 되었다.

"하나님이 아브라함을 의롭게 여기셨을 때, 아브라함은 이교를 믿는 이방인이었습니다. 그는 할례 받기 전에 의롭다 하심을 받았고 할례 받은 후에 유대인이 되었습니다."

"그만하면 되었네!" 제사장이 외쳤다. "자네 어머니에 대해 말해보게."

나는 어머니의 가계를 14대 위 조상들까지 읊었고, 이것이 결국 제사장의 의심을 누그러뜨렸다.

"안식일에 유대인이 집에서 얼마나 멀리까지 가도 안식일 법에 저촉되지 않는가?"

이번에도 나는 현명하지 못한 대답을 했다.

"그다지 멀리 갈 수 없습니다. 그러나 그 사람이 하나님의 뜻을 자기 좋을 대로 해석하는 율법주의자라면 노상에서 빵과 물을 먹고는 그곳이 자기 집이라 주장하며 다시 일어나 길을 가겠지요. 그런 식으로 하루 종일 갈 수도 있겠지만, 제 생각에 그것은 안식일을 지킨 것이 아닙니다."

놀랍게도 제사장은 웃음을 터뜨렸다.

"자네는 훌륭한 바리새인이 되기는 글렀군! 안식일에 대해 정의해보게." 그는 다시 엄격한 태도를 취했다.

"하나님이 우리의 안식일입니다. 안식일은 하나님의 초상에 지나지 않습니다."

"자네 어머니에게서 배웠나?"

"아니오, 주께로부터 배웠습니다."

제사장은 나를 빤히 쳐다본 뒤, 여느 때 같으면 묻지 않았을 질문들을 퍼붓기 시작했다. 나는 많은 질문에 대답할 수 없었지만 몇 가지 질문에는 대답할 수 있었다. 심지어 그와 토론을 벌이기까지 했다(이것으로 그가 나를 유대인으로 인정했음을 확신할 수 있었다.)!

마침내 그가 물었다.

"자네에게 할례를 행한 이가 누군가, 젊은이?"

"사울이라는 사람입니다."

"바리새인인가?"

"네."

"혹시 다소 사람인가?"

"그런 것을 물을 권리가 있으신지요?"

"그럴 권리야 없지. 하지만 만약 그이가 다소의 사울이라면, 사울이 누군가에게 할례를 베풀었다는 사실에 놀랄 사람들이 있을 게야."

"누가 베풀든" 하고 내가 말했다. "할례는 할례입니다."

"자네는 아는 게 너무 많아." 제사장이 투덜거렸다.

"그럼 성전 출입을 허락하시는 겁니까?"

"그렇다네. 하지만 마지막으로 한 가지만 더 묻지. 자네는 메시아가 오셨다고 믿나?"

"네! 그분은 24년 전에 이곳 예루살렘에서 십자가에 달리셨죠. 사실 내일로 꼭 24년이 됩니다."

"흠," 제사장이 말했다. "나도 가끔은 그렇게 믿지."

"여기 있네." 마침내 그가 말했다.

"이것을 목에 걸게. 출입 허가증이네. 하지만 이것이 사람들 눈에 잘 띄도록 세심한 주의를 기울여야 할 게야. 옷자락 같은 것에 가리는 일이 없도록 말이지. 특히 성전 주변에 있을 때에는 더 더욱."

"왜요?"

"왜냐니? 몰라서 묻는 겐가? 안 그러면 누군가가 자네를 죽일 테니까! 혹은 이게 더 가능성이 높은데, 군중이 자네를 죽일 걸세. 돌로 쳐 죽이든가 찢어 죽이든가 할 테지. 아니면 그 둘 다든가!"

"오, 유대인이 된다는 것의 장점을 이제야 제대로 알 것 같네요."

제사장이 웃음을 터뜨렸다.

"자네, 정말로 620개의 율법 조항을 다 말할 수 있나?"

"글쎄요. 610개까지 암송한 적은 있습니다. 하지만 할머니께서 코웃음 치며 말씀하시길 전부 다 외우든가 아니면 아예 외우지 말라고 하셨지요."

나는 출입 허가증을 목에 걸고 그곳을 떠나 곧장 동문으로 향했다. 바울이 나를 기다리고 있었다.

"아! 출입 허가증이로군. 좋아, 이제는 자네를 죽이지 않아도 되겠어."

"선생님은 정말이지 진정한 친구시군요." 나는 이렇게 말한 뒤 힐난조로 덧붙였다.

"선생님은 제사장이 얼마나 어려운 질문을 할지 아시면서도 제게 주의를 주지 않으셨죠. 출입 허가증이 없으면 살해 당하리라는 것 역시 알고 계셨지만 말씀해주지 않으셨고요!"

"그래, 하지만 미리 말해주었더라면 일을 그르쳤을 거야. 게다가 난 자네가 유대인으로 인정 받으리라는 것을 알고 있었다네. 자네는 어머니의 가계에 대해 잘 알고 있으니까 말일세. 모계의 조상과 할례를 받았는지 여부가 저들이 알고자 하는 전부지."

"그게 다라고요? 그렇다면 제사장은 왜 저를 몇 시간씩이나 붙들고 있었던 거죠?"

"오, 가끔 그럴 때가 있다네. 그들이 하는 일이 너무 지루하니까 말일세. 이제 자네가 유대인임을 인정 받았으니 내 자네에게 예루살렘을 구경시켜줌세."

3
예루살렘의 유월절 모습

예루살렘의 인구는 10만 명쯤 되지만, 유월절 축제 기간에는 그 수가 두 배로 늘어난다. 전 세계에서 몰려드는 순례자들로 인해 몹시 혼잡해지기 때문이다.

길에서 만난 많은 사람들은 믿을 수 없을 만큼 가난했다. 그들이 어떻게 이 먼 곳까지 왔는지 알 수 없는 노릇이었다. 배를 타고 온 사람도 있고 마차를 타고 온 사람도 있었지만, 대부분은 걸어서 온 사람들이었다.

50발짝을 걷는 동안, 시리아인과 바빌로니아인, 예멘인, 미디아인, 키프러스인, 그리스인, 이집트인, 크레테인, 소아시아인, 이탈리아인을 모두 만날 수 있었다. 피부색이 짙은 사람도 있고 엷은 사람도 있었다. 심지어 푸른 눈을 한 사람도 있었다. 그들의 입에서 온갖 나라의 언어가 튀어나왔다. 서방에서 온 사람들은 대개 라틴어나 그리스어를 썼고, 동방에서 온 사람들은 다양한 언어를 사용했다.

바울과 내가 시장에 이르렀을 때, 우리는 그야말로 사람들을 비집고 나아가야 했다. 우리 앞에는 노점과 좌판이 끝없이 늘어서 있었다.

"이곳에는 없는 게 없다네." 바울이 말했다.

"그러네요." 눈앞에 펼쳐진 광경에 어리둥절해진 내가 대답했다.

"에브라임 산지에서 만든 빵이 왔어요!" 한 상인이 외쳤다.

또 다른 상인이 소리쳤다. "여기 갈릴리 바다에서 잡은 물고기가 있소이다."

다른 상인들은 이스라엘 땅에서 난 귀금속을 진열하고 있었다.

"야곱의 땅에 있는 광산에서 캔 금이에요. 세상에서 가장 아름다운 금이오."

금붙이 하나에 '예루살렘 장인이 제작함'이라고 쓰여 있는 게 보였다. 성구함을 파는 상인들도 많았다.

한 부자가 아름다운 새 옷을 입어보는 게 보였다. 그 옆의 노점에서는 한 남자가 염소를 팔고 있었다. 신발 장수가 외쳤다.

"친구들에게 이스라엘에서 만든 신발을 보여주세요. 예루살렘 땅을 밟은 신발을 자랑하세요."

시편이나 이사야서의 성구가 쓰여 있는 두루마리를 파는 상인들도 있었다.

모두들 하나같이 '성지 이스라엘'에서 만든 물건임을 내세웠다.

하지만 그 중에서도 가장 눈에 띄는 사람은 정육점 주인들이었다. 어쨌거나 내일 저녁에는 20만 명에 가까운 사람들이 구운 고기를 먹을 터였기 때문이다. 그들은 양이나 염소의 온갖 부위를 팔았다.

양고기 값은 터무니없이 비쌌다. 부자들은 눈도 깜짝하지 않고 값을 치렀지만 가난한 사람들은 몇 시간이고 흥정을 했다.

"선생님, 제가 착각한 것일까요?" 내가 물었다.

"방금 갈릴리 방언을 들은 것 같아요."

"착각이 아닐세. 갈릴리 방언은 아람어를 전혀 모르는 사람도 구분할 수 있을 만큼 억양이 강하다네. 그렇지만 자네가 갈릴리 방언을 식별한 데에는 갈릴리 사람들의 옷차림이 도움이 되었을 거야."

나는 갈릴리 방언을 쓰는 나이 지긋한 사람들 몇 명에게 묻지 않을 수 없었다.

"예수님이 갈릴리에 사실 때 그분을 보신 적이 있나요?" 그러면 늘 같은 대답이 돌아왔다. "물론이지. 모두가 그분을 보았다오."

"선생님, 이 모든 순례자들은 오늘 밤과 내일 밤을 어디서 유숙하게 되나요? 여관들은 이미 만원인데요."

"전통에 따라 예루살렘의 모든 가정이 순례자에게 집을 개방할 걸세. 숙박료를 받지는 않지만, 손님들은 대개 감사의 표시로 집주인에게 선물을 한다네. 하지만 가정집을 개방하는 것만으로는 순례자들을 다 수용할 수 없어. 오늘 밤 수천 명이 노숙을 하게 될 걸세."

"우리도요?"

"아니, 우리는 내 친척인 안드로니고와 유니아의 집에 묵을 거야. 그들은 나보다 먼저 그리스도를 믿었지. 처음으로 내게 그리스도에 대해 이야기해준 사람도 그들일세. 그 당시에는 두 사람에게 화가 났지만, 지금은 그들을 자랑스럽게 생각한다네. 그들은 많은 사람들에게, 심지어 열두 사도에게도 사랑과 존경을 받고 있다네. 그들을 만나는 것은 자네에게 영광스러운 일일 게야. 게다가 침대가 돌보다는 부드러울 테고 말일세."

시장 안쪽으로 더 깊숙이 들어가자 로마 병사들이 더 많이 눈에 띄었다.

"로마 병사들은 목에 출입 허가증을 걸고 있지 않네요. 예루살렘에는 늘 이렇게 병사들이 많나요?"

"저들에게는 칼이 있으니까 출입 허가증 따위는 필요없겠지. 하지만 자네 질문에 답하자면, 아닐세. 예루살렘에 이렇게 많은 병사들이 모인 것은 처음 보네. 아마 내일 로마 총독이 오기 때문일 거야. 그는 헤롯 궁에 머물 터인데, 헤롯 궁은 (자네도 곧 보게 되겠지만) 주거지라기보다는 요새에 가까워. 거대한 담장과 높다란 망루로 둘러싸여 있는…. 이스라엘에는 긴장이 고조되고 있네. 로마는 총독이 이곳에 머무는 동안 소요가 일어나지 않기를 바란다네."

그날 저녁때쯤 사람들이 바울에게 다가와 유월절 축제를 함께할 사람들이 있느냐고 물었다. (유월절에는 대개 열 명 이상의 성인이 무리지어 다니며 유월절을 기념한다. 그 많은 사람들이 어떻게 그렇게 그룹을 지을 수 있는지는 지금도 의문이다.)

바울은 이미 그룹이 정해진 상태였다. 그는 내게 조언했다.

"자네는 나와 함께 있어서는 안 돼. 함께 있을 그룹을 찾아보게. 나와 떨어져서 자네만의 시간을 갖는 것도 좋을 거야. 축제는 내일부터 시작된다네. 내일 아침에는 다들 성전으로 갈 걸세. 오후 늦게 유월절 제사가 시작되고, 저녁에는 유월절 만찬을 들게 될 거야. 자네는 평생 이 날을 잊지 못할 걸세."

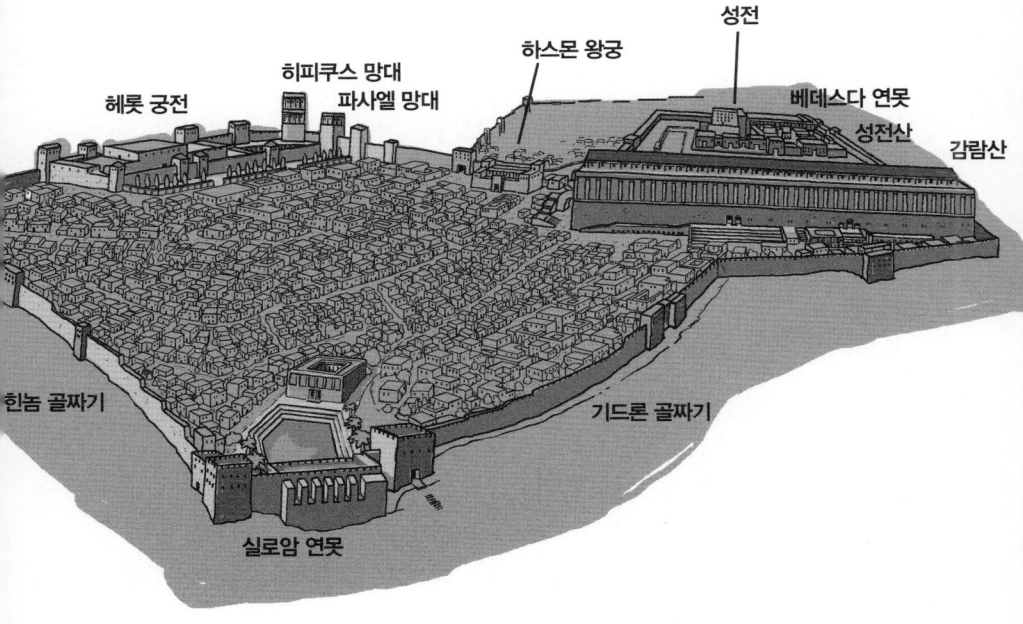

예루살렘 전경

4
예루살렘에서 유월절 절기를 지내다

"이렇게 많은 제사장을 한자리에서 보기는 처음이에요. 수천 명은 되겠는데요." 성벽 위로 해가 떠오르는 순간 예루살렘 거리로 들어서며 내가 말했다.

"제사장들과 레위인들이라네. 오늘은 전부 모였군. 여느 때 같으면 성전을 돌보고 제사를 감독하는 제사장의 무리가 한 조가 채 안 된다네. 오늘은 스물네 조가 다 필요하기 때문에 전부 나와 있는 거지.

우리가 이곳에 살고 있다면, 전통에 따라 누룩이 든 빵을 집에서 전부 치웠을 거야. 지금쯤 각 가정에서는 누룩이 든 빵을 찾아 집 안을 샅샅이 뒤지고 있을 걸세. 이 의식은 저녁 때까지 계속되지. 저녁이 되면 예루살렘 안에 있는 누룩 든 빵을 전부 모아 불태우는데, 이것은 신호에 의해 단번에 이루어진다네. 나중에 감람산이 잘 보이는 곳에서 그 광경을 보여주지.

저기 쟁기질하는 황소 두 마리 보이나? 여기서 좀 기다렸다가 첫 번째 소를 풀어주는 것을 보기로 하세. 이것은 이제부터 누룩이 든 빵을 먹지 말라는 신호일세. 나중에 다른 소도 풀어줄 텐데, 그것은 누룩이 든 빵을 불태울 것이라는 신호라네."

잠시 후 소 한 마리가 풀려났다. 사람들이 환호했다.

"나중에 다시 이곳으로 돌아와 두 번째 소가 풀려나는 것을 보기로 하세." 바울이 말했다.

바울과 나는 몇 시간 동안, 예루살렘 거리를 돌아다녔다. 정오가 되자 상점들이 문을 닫으면서 모든 상거래가 중단되었다. 제사 드릴 시간이 다가왔기 때문이다.

그때, 예루살렘 주변의 언덕이 하얗게 물들기 시작했다. 어디에서 그리 많은 사람들이 모여드는지, 그 중 많은 사람들이 양을 끌고 예루살렘으로 오고 있었다.

"제사는 총 세 번 드리는데, 한 번 드리는 데 걸리는 시간은 한 시간이 채 안 된다네. 첫 번째 제사는 지금으로부터 두 시간 뒤에 시작될 걸세." 바울이 말했다.

"우리는 첫 번째 제사에 참석할 거야. 첫 번째 제사에는 가장 많은 사람들이 참석하지. 하지만 성전 뜰에 들어가는 첫 번째 그룹에 속하려면 인파에 파묻힌 채 두 시간을 서서 기다려야 한다네."

아닌 게 아니라 우리는 성전 뜰로 들어가려는 사람들에게 떠밀리다시피 했다. 성전 뜰이 사람들로 가득 차자 제사장들과 레위인들이 성전으로 통하는 문을 닫았다.

우리는 기다렸다.

마침내 성벽 위에 서 있는 레위인들이 나팔을 불었다. 마당을 가로지르는 은색 나팔 소리에 오스스 소름이 돋았다.

제사가 시작되었다.

줄지어 선 제사장들이 일제히 금쟁반과 은쟁반을 들어올렸다. 첫 번째 줄의 제사장들은 금쟁반을 들어올리고 두 번째 줄의 제사장들은 은쟁반을 들어올렸다.

사방에서 찬탄이 쏟아지는 가운데 온갖 악기 소리가 울려 퍼졌다.

우리 모두는 이때를 위해 외워둔 기도문을 암송하기 시작했다.

희생제물을 드리는 의식이 시작되었다.

의식이 끝났을 때쯤에는 온몸의 기운이 다 빠져나간 듯했다. 그토록 화려하고 다채롭고 아름다운 광경은 본 적이 없었다.

교외로 통하는 문이 열렸다. 우리는 재빨리 그곳을 빠져나왔다. 성전 뜰이 텅 비자 제사장들은 교외로 통하는 문들을 닫고 시내로 통하는 문들을 열어서 두 번째 그룹을 받아들였다.

(바울의 말에 따르면 세 번째 제사에 참석하는 사람들은 '게으름뱅이'라고 불린다.)

저녁이 되자 사람들은 다시 한 번 이동하기 시작했다. 이번에는 집으로 향하거나 저녁 모임이 있는 장소로 갔다.

"뒤를 돌아보게!" 바울이 외쳤다. "감람산 쪽을 봐!"

두 번째 소가 풀려나는 중이었다. "지금부터는 누룩이 든 빵을 먹을 수 없다네. 누룩이 든 빵은 모두 불태워질 걸세."

길을 가다 마주친 사람들은 모두들 성전 제사 때 사용한 양이나 염소의 일부를 그 짐승의 가죽에 싸들고 있었다. 이것들은 곧 유월절 저녁 식탁에 올라올 터였다. 구원의 밤이 시작되었다.

"이제 곧 모든 가정에서 (대개는 안뜰에서) 불을 피우는 광경을 보게 될 걸세." 바울이 말했다.

"불을 피워놓고 희생제물을 꼬챙이에 꿰어 굽는데, 석류나무 장작에 굽기도 하고 유월절 가마라 불리는 옹기 가마에 굽기도 하지."

"이제 헤어질 시간이야. 자네는 자네가 속한 그룹에게로 가게. 나는 내가 속한 그룹에게로 갈 테니. 내일은 베드로 사도를 만나기로 했다네."

"베드로 사도님을 만나신다구요? 선생님… 저도 따라가도 될까요?"

"내 물어보지." 바울이 대답했다.

"돌아오는 주 첫날 저녁에는 약속을 잡지 말게나. 꼭 명심하게."

"그럴게요. 그런데 왜요?"

"차차 알게 될 거야. 오늘 밤 이스라엘의 평화가 자네에게 임하기를…."

나는 유월절 만찬을 함께하기로 한 집으로 향했다.

예루살렘에 해가 지고 있었다. 나는 숨을 죽인 채 해넘이를 바라보았다. 도시는 온통 적막에 휩싸였다.

집 안에는 사람들로 가득했다. 절반은 그 지역의 유대인이었고, 절반은 나처럼 생긴 그리스인이었다.

유월절 만찬은 희석한 포도주로 시작되었다. 우리는 오른손을 씻었다. 무교병과 쓴 나물과 구운 양고기가 상에 올라왔다. 왠지 모르게 눈물이 났다.

만찬이 끝나갈 무렵, 한 노인이 최초의 유월절에 관한 이야기를 들려주었다. 우리는 또다시 희석한 포도주를 마셨다. 젊은이들 중 하나(미리 질문자로 지정된)가 "오늘 밤이 다른 밤들과 다른 이유가 무엇인가요?" 하고 물었다. 그러자 그의 아버지가 이스라엘 민족이 이집트를 탈출한 이야기를 들려주었다. 우리는 마치 처음 듣는 것처럼 희생양과 무교병과 쓴 나물의 의미에 대해 들었다.

그런 다음에는 기도 시간이 이어졌다. 각자 지난 1년간 지은 죄에 대해 용서를 구하는 기도를 드렸다. (나는 우리의 참된 유월절이신 주님을 선포하고 싶었다. 주님은 우리의 모든 죄를 대속하셨고, 그 효력은 1년이 아니라 영원히 지속된다.)

또다시 포도주를 마셨다. 유월절 만찬이 끝났다.

우리 중 가장 연장자가 남아서 이집트를 탈출한 이야기를 자세히 들려주었다. 축제의 들뜬 분위기는 사라지고 우리는 매우 경건하고 차분하게 그 이야기를 들었다.

나, 디모데는 온전한 유대인은 아니지만, 그날 밤 그곳을 떠나면서 묘한 기분에 사로잡혔다. 진정으로 유대 민족의 일원이 된 느낌이 들었고, 나의 진정한 시민권은 이 세상에 있지 않으며, 어떤 특정한 민족에게 있지도 않다는 확신이 들었다. 나의 시민권은 영원한 곳에 있었고, 나는 완전히 새로운 세계에 속해 있었다.

나는 거리로 나와 안드로니고와 유니아의 집으로 향했다. 잠을 청하며 '내일 베드로 사도를 만날 수 있을까?' 하는 생각을 했다.

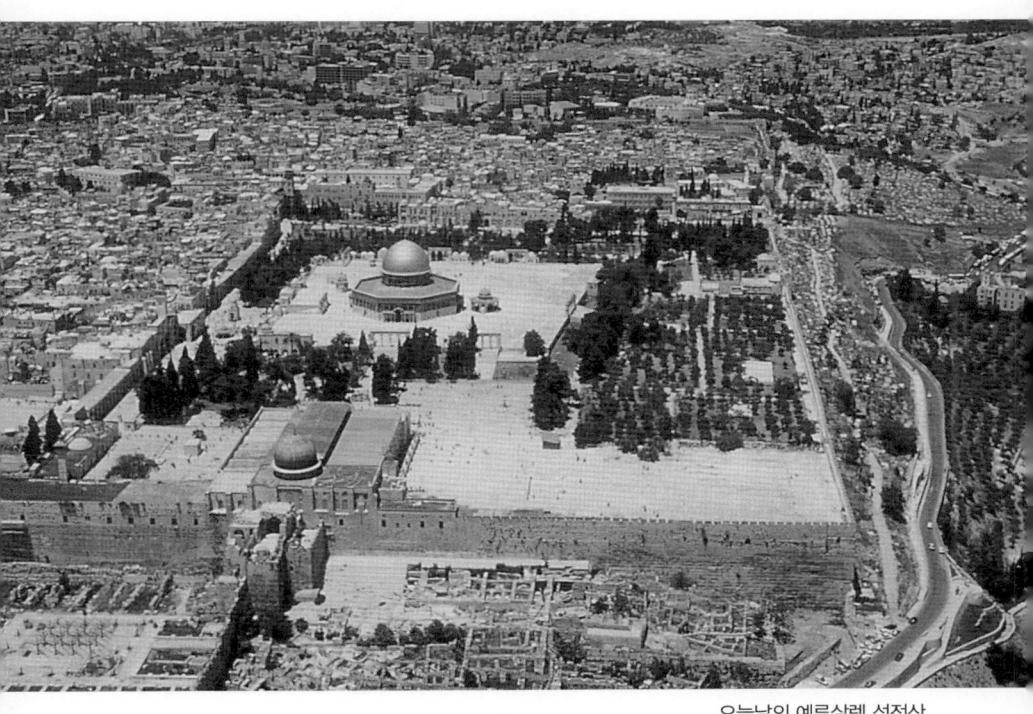

오늘날의 예루살렘 성전산

5
예루살렘에서 베드로를 만나다

베드로의 집에 도착하자, 나는 온몸이 떨려왔다. (반면에 바울은 다른 데 정신이 팔린 듯했다.) 문을 열어준 사람은 거구의 사내였다. 누군지 물어볼 필요도 없이 그는 베드로였다. 베드로가 바울을 껴안자, 바울은 거의 보이지 않게 되었다. 이윽고 베드로가 나를 내려다보았다.

"이 청년이 유대인 행세를 하는 그리스인인가요?" 베드로가 물었다.

나는 가까스로 "실라 선생님에게 들으셨군요." 하고 웅얼거렸다. (그 순간 집 안쪽에서 실라의 모습이 보이는 것을 보니 내 짐작이 옳았다.)

나는 '베드로와 바울이 만나면 무엇을 할까?' 하고 생각한 적이 있었는데, 한 가지는 분명했다. 두 사람은 같이 있는 것을 편하게 여겼다. 관점의 차이는 오래 전에 사라졌거나 더 이상 중요하지 않았다.

두 사람은 처음부터 유대인과 이방인이 함께 교회를 개척한 북아프리카에 대해 이야기하기 시작했다. 화제는 고린도로 옮겨갔다가 다시 로마로 옮겨갔다. 이스라엘 바깥에서 복음을 전하는 일에 관한 대화를 나누면서, 바울은 이방인에 대해 이야기했고, 베드로는 이방 땅에서 살아가는 유대인들을 걱정했다. 대화가 어느 방향으로 흐르든 바울은 늘 고린도에 관한 이야기로 돌아왔다.

"고린도 신자들 중 많은 사람들이 유대인입니다. 그들이 고린도에서 베드로 사도님을 보면 몹시 기뻐할 거예요." 바울이 말했다.

"가능하면 방문하도록 하지요." 베드로가 대답했다.

"나는 내일 떠납니다." 바울이 말했다.

"안디옥으로 돌아가는 것을 더는 늦출 수 없어요. 그렇지만 예루살렘 신자들의 사랑과 환대에 감사드립니다."

"함께 온 젊은이는 유대인인가요, 그리스인인가요? 실라 선생의 말만 듣고는 잘 모르겠군요." 베드로가 나를 똑바로 보며 말했다.

"디모데 형제요? 어머니가 유대인이니 유대인이라 할 수 있지요. 하지만 필요에 따라 무엇이든 될 수 있답니다."

베드로가 웃음을 터뜨렸다.

"우리도 유대인인 동시에 그리스인이라면 좋을 텐데요. 지금 이 순간 바울 선생과 나는 아마도 이스라엘에서 가장 미움 받는 신자 두 명일 겁니다."

바울은 키프러스에 관한 이야기로 화제를 돌렸다. 베드로가 바나바와 함께 키프러스를 방문할 예정이었기 때문이다.

"키프러스에 가면 사도님이 할 수 있는 일이 한 가지 있습니다." 바울이 말했다.

"오순절 성령 강림 직후에 생겨난 교회들의 상황이 좋지 않아요. 이 교회들의 분위기가 유대인 회당과 비슷하여 이방인 신자들이 혼란스러워 합니다. 그들은 유대 문화가 반영된 모임에 참석하는 까닭에 자기 나라에서 마치 외국인이 된 것 같은 느낌을 받지요. 그리스도의 몸은 외국 문화가 아니라 그 나라 고유의 문화를 통해 드러나야 합니다." 베드로가 동의했다.

"키프러스에 가면 두 민족 사이의 장벽을 없애기 위해 최선을 다하겠습니다. 유대인과 이방인은 공통의 토대를 찾아야 해요."

그날 두 사람이 논의한 또 한 가지 중요한 문제가 있었다. 바로 예루살렘의 가장 가난한 신자들이 관리들에게 어떤 취급을 받고 있는가에 대한 것이었다.

"가난한 신자들은 세금과 박해, 불평등으로 인해 고통 받고 있습니다." 베드로가 설명했다.

"이제까지 로마는 예루살렘을 제외한 제국의 모든 지역에서 세금을 걷어왔어요. 제국 전역에 흩어져 사는 유대인들은 세금을 로마가 아니라 예루살렘으로 보내도 되었지만 최근에는 상황이 달라졌습니다. 로마인들은 이제 이스라엘에 세금을 부과하고 있어요. 이곳에 오는 병사들의 수가 늘어나면서, 그들에게 들어가는 비용을 충당하기 위함이지요. 이 때문에 이스라엘 사람들은 큰 고통을 받고 있습니다. 가난한 사람들은 아예 세금을 낼 수도 없는 형편이고요."

베드로가 목소리를 낮췄다.

"그러나 그게 다가 아닙니다. 예루살렘 성전은 세계에서 두 번째로 큰 은행이에요. 우리 유대인이 기억하는 한, 예루살렘 성전에서는 늘 가난한 사람들을 위한 구제 기금을 따로 떼어놓았지요. 전 세계의 유대인이 기꺼이 예루살렘에 세금을 보내는 데에는 그런 이유도 있습니다.

예루살렘 성전의 제사장들이 보기에 가난한 사람들은 신자와 비신자 두 부류입니다. 성전 관리자들은 신자들을 외면합니다. 우리 중 가장 가난한 사람들이 성전의 도움을 받지 못하고 있지요. 전에는 이런 적이 없었습니다. 예루살렘 에클레시아에서는 가난한 이들을 돌보기 위해 최선을 다하고 있습니다만, 세금이 늘어난 데다 기근까지 겹쳐서 가난한 사람들은 더 힘든 상황입니다. 이제까지는 에클레시아에서 근근히 그들의 필요를 채워왔지만 이번 가뭄이 계속된다면…"

베드로가 말을 이어가는 동안 바울에게 한 가지 아이디어가 떠올랐다.

"이스라엘에 가뭄이 계속된다면 북쪽의 이방 교회에서 도움을 줄 수 있을 겁니다. 그렇게 해서 가난한 사람들의 필요를 채우는 동시에 이방 교회와 유대 교회 사이의 유대를 강화하는 거지요."

이윽고 헤어질 시간이 다가왔다.

"디모데 형제, 자네가 솔로몬 행각에서 예루살렘 신자 전체를 대상으로 설교를 해야 한다는 것을 알고 있나?" 바울이 물었다.

"듣자 하니, 자네는 바울 선생과 실라 선생보다 더 설교를 잘한다더군!" 베드로가 웃음을 터뜨렸다.

"디모데 형제는 세상 그 누구보다 설교를 잘한답니다." 바울이 말했다.

"디모데 형제, 솔로몬 행각에서는 너무 잘하려고 하지 말게. 자네는 베드로 사도와 다른 사도들을 난처하게 하고 싶지는 않을 거야, 안 그런가? 그리고 내 히브리어 이름이 사울이라는 것을 기억해두게! 사울이라는 이름을 가진 사내들은 (특히 두각을 나타내는 젊은이에게) 창던지기에 능하다는 것을 상기해야 할 게야!"

"혹시 제가 전에 선생님께 주 안에서 사랑한다고 말한 적이 있다면… 지금부터 잘 알아두세요, 그것은 거짓말이었다는 것을요." 내가 응수했다.

이 말을 끝으로 우리는 베드로와 작별했다.

그날 밤, 예루살렘 에클레시아가 방문객의 설교를 들으러 모였다. 예루살렘 에클레시아는 더없이 그리스인처럼 생긴 젊은이가 그토록 열정적인 유대인이라는 한 가지 이유로 내게 설교를 청했다.

나는 두려움에 휩싸였다. 특히 베드로가 모임에 참석한다는 소식에 두려움이 더했다. 설교하려고 일어날 때에는 다른 누군가와 자리를 바꿀 수만 있다면 바꾸고 싶었다. 열두 사도 중 몇 명이 참석해 있다는 사실은 전혀 도움이 되지 않았다.

설교가 끝나자, 바울이 다가와서 말했다. "형제, 자네는 내게서 많은 것을 배웠어. 게다가 내가 생각지도 못한 것들에 대해서도 이야기했지. 자네 어머니와 외할머니가 자네를 잘 키우셨네그려."

"사람들이 이 젊은이의 설교에 매료되었다네." 베드로가 실라에게 말했다.

"디모데 형제는 주님의 메시지를 잘 전해주었어. 다른 사도들도 같은 의견이더군."

(나는 예루살렘에서 설교하지 않았더라면 좋았을 것이라고 생각하게 되었다. 바울과 베드로가 한 말의 일부가 이방 교회에 전해져 오늘날까지도 사람들이 나를 놀려대기 때문이다. 특히 디도가 앞장서서 놀려대곤 했다.)

"내가 설교할 때는 박수치는 사람이 아무도 없었지." 실라가 말했다.

"베드로 사도님이 설교할 때도 마찬가지고. 그래서 우리 둘은 또다시 이런 일이 발생할 경우를 대비해 바울 선생이 창을 구입하는 데 도움을 주기로 했다네."

"좋은 생각일세." 바울이 말했다.

"자네 말이 맞아. 내가 설교할 때도 박수치는 사람이 아무도 없었네."

다음날, 바울과 나는 실라와 마지막으로 식사를 함께했다. 그것은 기념할 만한 시간이었다. 우리는 바나바의 누이인 마리아의 집에서 만났다. 그날은 내가 처음으로 요한 마가를 만난 날이기도 했다.

그 주에 예루살렘에서 내게 일어난 일들 중 가장 놀라운 일은 바나바가 솔로몬 행각에서 열두 사도의 발치에 앉아 기록한 글이 적혀 있는 두루마리를 본 것이다(요한 마가가 내게 보여주었다).

거기에 적혀 있는 내용의 대부분은 열두 사도가 주님에 대해 들려준 이야기였다. 글을 다 읽고 나자, 몇몇 사람들만 들어서 알고 있던 주님의 생애에 대해 조금은 알게 된 것 같은 느낌이었다. 그 경이로운 시간 동안 나는 줄곧 마가에게 그 단편적인 글들을 하나의 온전한 이야기로 다시 써보라고 권유했다.

"그런 말을 한 건 자네가 두 번째라네." 요한 마가가 말했다.

"다른 한 명은 누군데요?"

"안디옥의 이방인 형제로, 이름이 디도라고 하지."

"디도라구요? 제가 안디옥에 가면 가장 만나고 싶은 사람이 디도인걸요." 내가 말했다.

그 후로 나는 예루살렘을 떠날 때까지 계속해서 마가를 설득했다.

"이방인들에게는 주 예수님의 생애에 대한 기록이 필요합니다. 이방 교회들이 이스라엘에서 멀리 떨어져 있다는 것을 기억해주세요. 갈라디아나 그리스 같은 곳에 살면 이곳에서 일상적으로 일어나는 일을 이해하기가 쉽지 않아요. 그러니까 꼭 그 이야기를 써주세요."

마침내 마가는 그 문제를 베드로와 의논해보겠노라고 말했다.

"베드로 사도님이 동의하지 않는 한 쓰지 않겠네."

다음날 아침 일찍 실라와 바울은 작별 인사를 나눴다. 두 사람은 눈물을 흘리며 굳게 포옹한 뒤 기도를 하고 찬양을 하며 또다시 눈물을 흘렸다.

바울과 나는 북문으로 향했다. 가는 도중에 배웅을 나온 예루살렘 교회의 형제자매들을 만나 안디옥으로 향하는 길을 함께 걸었다. 마지막으로 작별 인사를 나눌 때 내 안에는 감사의 마음이 가득했다. '한때 예루살렘 에클레시아를 파괴하려 했던 사람을 이렇게 극진히 대접하고, 먼 이방 나라에서 온 반쪽짜리 유대인을 이렇게 따뜻하게 맞아주다니!'

"참으로 우리의 시민권은 시간과 거리, 국적을 초월한 곳에 있군요." 나는 마지막으로 예루살렘을 돌아보며 바울에게 말했다.

(실라는 몇 년간 예루살렘에 머물다 그리스의 로도 섬으로 향했고, 몇 년 뒤 그곳에서 체포되어 사형선고를 받았다.)

바울과 나는 2주간의 여행 끝에 시리아 남쪽 경계에 도달했다. 얼마 후 거대 도시 안디옥이 모습을 드러냈다.

안디옥에서 나는 가장 활발한 활동이 이루어지고 있는 모임을 보게 될 것이다. 그리고 장차 가장 친한 친구가 될 디도를 만나게 될 것이다. 무엇보다도 바울이 3차 전도여행을 준비하면서 생각해둔 비밀스러운 계획을 알게 될 것이다.

디도의 말처럼, '이제 들려줄 만한 이야기가 생긴' 것이다.

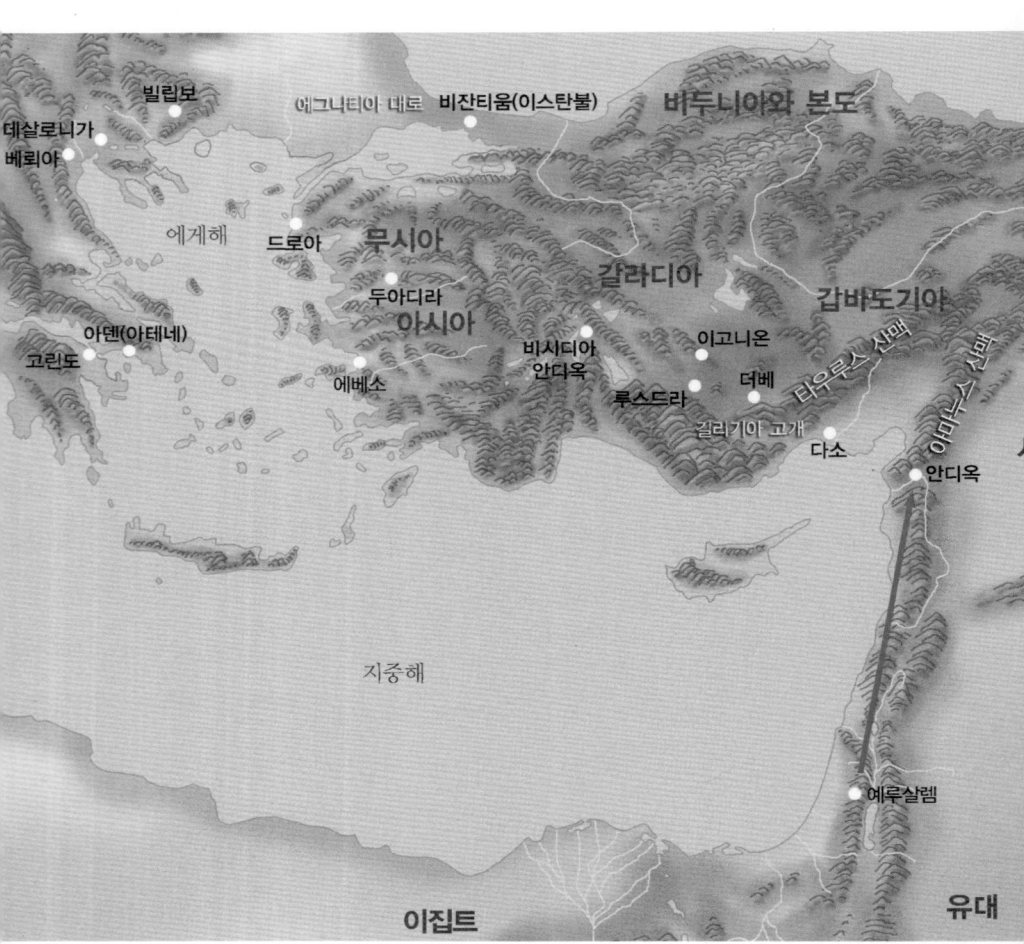

예루살렘에서 안디옥으로

6
예루살렘에서 안디옥에 이르다

"저 멀리 사람들이 보이나? 길가에 앉아 있는 사람들 말일세. 내 짐작이 틀리지 않다면 저들은 우리를 안디옥까지 데려다줄 형제들이라네."

바울의 말이 맞았다. 따스한 인사가 오간 뒤 그들 중 한 명이 우리가 도착했음을 알리러 먼저 말을 타고 떠났다. 그 후 바울이 한 말은 나를 깜짝 놀라게 했다.

그는 이렇게 말했다. "디모데, 오늘 자네가 교회에서 설교를 하게 될 걸세."

"오늘 밤에요? 안 돼요!" 나는 항의했다. "선생님이 하셔야 해요! 사람들은 내가 아니라 선생님의 설교를 듣고 싶어 할 거예요."

"나는 지난 11년간 안디옥 교회에 있었네. 하지만 자네는 새로운 인물이지. 이곳 신자들은 자네에 대해 듣기는 했어도 직접 본 적은 없어.

아마 자네의 설교를 듣고 싶어 할 거야."

"글쎄요. 오래 전부터 세상에서 가장 큰 이방 교회를 보고 싶기는 했지만, 설교를 한다는(그것도 모임에 참석한 첫날) 생각은 해본 적이 없는걸요."

안디옥에 다달았을 때, 바울이 예전 이야기를 들려주었다.

"바나바와 나는 안디옥에서 큰 교훈을 얻었네. 우리는 둘 다 유대인이었지만 이곳 모임에 유대 문화의 영향이 미치는 것을 원치 않았어. 하나님은 신실하셔서, 안디옥 교회는 철저하게 현지화되었지. 나중에 바나바와 내가 갈라디아에 갔을 때 우리는 한 도시에 오래 머무는 게 좋지 않다는 것을 알게 되었네. 우리는 외국인이야. 따라서 이방인들에게 우리 문화와 우리 방식을 소개할 가능성이 늘 있지. 그래서 우리는 이방 땅에 교회가 생기면 얼마 안 돼서 그 교회를 떠났다네. 자네 고향인 루스드라의 교회를 포함해서 갈라디아 지방에 개척한 네 교회 모두에서 그렇게 했어. 내게 속한 것으로 루스드라에 오래 머물러 있는 것은 피뿐일세."

"에베소에서 뭔가 특별한 일을 하시려는 거죠? 이 다음에는 소아시아로 가실 생각인가요?"

"아마도." 바울은 이렇게만 말할 뿐, 다음 전도여행지로 왜 에베소를 택했는지에 대해서는 말하지 않았다.

"뭔가 다른 것, 안디옥과도 다르고 갈라디아 교회들과도 다르고 그리스의 모든 교회들과도 다른 뭔가를 계획하고 계신 건가요?" 내가 떠봤다.

"아마도." 바울이 대답했다.

"제가 알고 싶은 것은 선생님이 언제쯤 그 계획을 알려주실지입니다."

"한 주 뒤면 되겠나?" 바울이 물었다.

나는 기뻐서 껑충껑충 뛰었다. (함께 걷고 있던 다른 형제들은 우리 사이에 어떤 대화가 오갔는지 알지 못했다.)

"안디옥에 도착한 얼마 후, 나는 형제 두 명을 불러서 내가 계획하고 있는 것들을 이야기해줄 생각이네."

"그 중 한 사람은 이름이 디모데여야 할 거예요." 내가 말했다.

"오, 물론일세. 내가 염두에 두고 있는 형제 중 한 명의 이름이 디모데라네."

"다른 한 명은요? 다른 한 명은 누군데요?" 내가 물었다.

"곧 알게 될 걸세."

그 순간, 안디옥의 전경이 시야에 들어왔다.

우리는 밤이 되기 직전에 다프네 문을 지나 안디옥에 들어섰다.

"거리에 불이 밝혀져 있네요." 내가 깜짝 놀라서 말했다. "이런 것은 처음 보는데요?"

형제들 중 한 명이 말을 받았다.

"이런 광경은 다른 어디에서도 볼 수 없을 겁니다. 안디옥은 밤새 대로에 횃불을 밝혀놓는 유일한 도시죠."

"모든 거리에 불을 밝히는 것은 아니고요?"

"네, 광장으로 이어지는 주요 도로 세 곳에만 불을 밝혀놓는답니다. 하지만 그것만으로도 세상에서 가장 안전한 도시라 할 수 있지요."

안디옥에 들어설 때 보니, 오른쪽에는 원형 경기장이 있고 전면에는 로마 제국의 가장 아름다운 길인 열주 길(Street of Colonnades)이 펼쳐져 있었다.

"정말 아름답군요. 이 길은 길이가 얼마나 되나요?"

"3.2킬로미터는 될 겁니다."

도시의 남서쪽 모퉁이에서 북동쪽 모퉁이까지 이어져 있는 이 길은 너비가 9미터에 달하는 대로였다. 표면은 대리석이었고, 3,200개의 기둥과 그 위를 가로지르는 아치가 수백 개의 주랑 현관(portico)을 이루고 있었다. 각각의 주랑 현관은 폭이 거의 10미터나 돼서 그곳을 지날 때면 거대한 문을 통과하는 듯한 기분이 들었다. 주랑 현관의 일부는 부호들의 저택으로 이어지고, 일부는 공공건물로 이어지고, 일부는 상가로 이어졌다. 다른 어떤 도시에서도 볼 수 없는 특별한 길이었다.

우리는 열주 길이 끝나는 곳에서 도시를 벗어나 언덕길로 접어들었다. 내가 뒤를 돌아보자 바울이 말했다.

"너무 감탄하지 말게나. 이 아름다운 길 저편에는 로마 제국 최악의 빈민가가 자리하고 있으니 말일세. 자네가 만날 사람들(안디옥의 신자들)은 빈민가에 사는 사람들이야. 우리가 가는 곳은 빌라지만 그곳 모임에 참석한 사람들 대부분은 노예일 걸세. 다른 지역의 모임에서와 마찬가지로 말이지. 우리는 빌라 정원에서 모일 텐데, 이 빌라는 바나바와 내가 갈라디아에서 돌아왔을 때 찾았던 바로 그 빌라라네. 저기 불빛이 보이나? 저기가 정원일세. 모임이 끝난 후에는 잔치가 열릴 거고, 그때 성찬을 들게 될 걸세."

언덕 저편에서 노래 소리가 들려왔다. 벌써 한 시간 전부터 사람들이 모여 있었다. 정원에 들어서자마자, 나는 수십 명의 형제자매에게 에워싸였다. (그 어딘가에 디도라는 이름의 청년도 있을 터였다.) 우리는 기분 좋은 흥분감에 휩싸였다.

"드디어 루스드라의 젊은이를 보는군." 누군가가 말했다.

"저이가 블라스티니우스에게 맞선 형제래요." 다른 누군가가 말했다. 나는 당황하기 시작했다.

"저 형제는 몇 살쯤 됐나요?" 누군가가 물었다. 나는 바울이 어떤 대답을 할지 정확히 알고 있었다.

"보기보다 나이가 많답니다. 디모데는 나이에 비해 어려 보이는 얼굴이니까요."

나는 바울을 노려보았다. (이 글을 쓰고 있는 지금 나는 노인이 다 되었다. 하지만 놀랍게도 내 얼굴에 관한 바울의 말은 틀리지 않았다.)

우리를 에워싼 사람들은 점점 늘어나서, 결국 정원에 모인 모든 사람들이 바울과 나를 중심으로 거대한 무리를 이루게 되었다. 우리는 서로 바짝 붙어 서 있었다. 사람들이 내게 노래를 불러주기 시작했다. 나는 감정이 벅차올라 눈물이 났다. 눈물은 좀처럼 멎질 않았다.

마침내, 바울이 사람들 사이를 비집고 앞으로 나아갔다. 사방에서 찬사가 들리더니 그 소리는 이윽고 기도와 찬송으로 바뀌었다. 바울은 짧게 말했다.

"여러분은 앞으로 며칠간 내게서 많은 이야기를 듣게 될 것입니다. 내겐 그리스에 대해 해줄 이야기가 많습니다. 실라 선생은 예루살렘에서 잘 지내고 있으며, 여러분에게 안부를 전해달라고 했습니다. 지난

3년간 있었던 일들에 대해서는 누가 형제에게 들어서 잘 알고 계시리라 생각합니다. 베드로 사도도 안디옥에서의 추억을 떠올리며 안부를 전해달라고 했습니다.

그러나 오늘 밤은 루스드라의 디모데 형제를 위한 밤입니다. 디모데 형제는 그리스인처럼 생겼지만 절반은 유대인입니다. 여러분은 안디옥에 도착한 유대인 신자들이 이방인처럼 행동하던 것을 기억할 겁니다. 디모데 형제도 그렇답니다. (모두들 웃음을 터뜨렸다.)

디모데 형제의 나이로 말할 것 같으면, 그는 보기보다 어릴 수도 있고 아닐 수도 있습니다. 그것은 여러분이 판단하셔야 합니다."

또다시 웃음과 환호가 터져 나왔다.

'고린도 교회처럼 시끌벅적하구나.' 나는 속으로 생각했다.

"디도가 누군가요?" 나는 작은 목소리로 가까이에 있는 사람에게 물어보았다.

박수 소리에 묻혀 대답이 들리지 않았다.

나는 말을 하려고 일어났지만, 눈물이 나서 말을 할 수 없었.

하지만 마침내 루스드라에서 회심한 이후로 내게 일어난 일들에 대해 이야기하기 시작했다. 나는 모든 이야기에서 바울이 중심이 되도록 했다. 바울의 고통과 희생을 기리고 (그가 나를 영예롭게 한 것처럼) 그를 영예롭게 하고 싶었기 때문이다.

안디옥은 내가 블라스티니우스에 대해 공개적으로 말할 수 있는 곳이었다. 모임의 모든 사람들이 블라스티니우스를 직접 보았고 그가 어떤 일을 벌였는지 알고 있었기 때문이다. 나는 블라스티니우스가 바울에게 위해를 가하고 교회에 해악을 끼치려고 한 일들을 모두 이야기했다.

그리고 바울이 매를 맞고 투옥되었다가 지진으로 인해 풀려난 것을 포함하여 그리스 북부에서 일어난 일들을 자세히 설명하였다. 형제자매들은 바울이 또다시 매를 맞고 쫓겨난 것을 알고 눈물을 흘렸다. 모두가 알다시피 바울은 이미 너무나 많은 고통을 겪었기 때문이다.

"바울 선생님은 매질을 당하지 않으려고 노력하셨습니다." 내가 말했다.

"'키비스 로마누스 숨(Civis Romanus sum). 나는 로마인이오!' 하고 목청껏 외치셨지요."

그런 다음, 나는 루디아에 대해 이야기했다. 사람들은 루디아를 만난 적도 없고 방금 전까지 그녀의 존재조차 모르고 있었지만 그녀를 사랑하게 되었다. (그들은 바울이 꼼짝 못하는 누군가가 존재한다는 것을 알고 환호했다.)

나는 블라스티니우스의 맹세에 대해 이야기했다. 그곳에 모인 사람들은 모두들 이 '죽음의 맹세'에 대해 알고 있었지만, 많은 사람이 눈물을 흘렸고 몇몇 사람들은 신음 소리를 냈다. 나는 안디옥의 신자들이 바울을 매우 사랑한다는 것을 알았다.

그 후 나는 누가가 두 차례에 걸쳐 소아시아에 다녀온 이야기를 했다. (모임에 참석해 있던 누가는 더 이상 자신에 대해 언급하지 말아달라고 내게 신호를 보냈다.)

안디옥 교회에 하는 보고의 목표는 바울의 2차 전도여행에 대해 정확하게 전달하는 것뿐만 아니라 이러한 일들이 어떤 의미가 있는지를 알리는 데 있었다. 나는 바울이 내가 모르고 있으리라 생각한 것들에 대한 이야기로 말을 마쳤다.

그날 밤 내가 얼마나 두렵고 스스로에 대한 확신이 없었는지는 오직 하나님만이 아신다.

내가 마지막으로 한 일이 하나 있었다. 바로 바울이 데살로니가에 이르렀을 때 빌립보의 신자들이 보내준 돈에 대해 이야기한 것이다. 나는 돈이 도착했을 때 바울과 실라가 얼마나 궁핍한 상황이었는지를 이야기했다. 그리고 두 사람이 데살로니가에 들어갈 때 실라가 "데살로니가 회당에서 피골이 상접한 유대인들을 반겨주어야 할 텐데요."라고 말했던 것도 들려주었다. 말을 마치자 정원 안은 쥐죽은 듯 조용해졌다.

나는 또한 바울이 데살로니가로 가는 도중에 맞닥뜨린 위기를 언급하면서, 우리 중 그 누구도 그때 바울이 얼마나 깊은 절망을 경험했는지 알지 못할 것이라고 말했다.

내가 그 이야기를 하자, 바울은 다른 모든 사람들과 마찬가지로 눈물을 억제하지 못했다.

"밤이 깊었군요. 남은 이야기는 다음 기회에 하기로 하지요."

모두들 이야기를 계속하라고 아우성이었다. 그럼에도 내가 자리에 앉자, 이번에는 사방에서 질문이 쏟아졌다. 내가 대답하자 사람들은 몹시 기뻐했다.

마침내 질의응답이 끝나고 우리는 노래를 불렀다. 오, 우리는 노래했다! 그날 밤, 안디옥 인구의 절반은 우리의 노래 소리를 들었을 것이다. 예루살렘에 있을 때, 신자들의 기도 소리가 너무 커서 땅이 흔들릴 정도였다는 말을 들은 적이 있는데, 그날 밤의 모임이 그랬다. 찬양 소리가 하늘을 찌르고 땅을 뒤흔드는 듯했다.

나는 또다시 자리에 앉으려 했지만, 사람들이 또다시 바울과 나를 에워쌌다. 마지막으로 우리는 소리 높여 주님께 감사 기도를 올렸다.

그때 누군가 사람들을 헤치고 내 쪽으로 오는 게 보였다. 나는 직감적으로 그가 누구인지 알았다. 나도 사람들을 뚫고 그에게 다가갔다. 모두들 환호하기 시작했다. 우리가 서로 가까워졌을 때 그가 소리쳤다.

"나는 디도라고 하네."

"알고 있네!" 내가 마주 소리를 질렀다. "나는 디모데일세."

우리는 서로 얼싸안았다. 그렇게 서로 꼭 끌어안은 채 기도하고 찬양하며 울고 웃었다. 그날 나, 디모데는 그 형제와 친구가 되었고 지금 이 순간까지도 둘도 없는 친구로 남아 있다. 다른 사람들이 우리의 환호와 눈물에 동참하면서 모임은 다시 시작되었다. 모두들 새벽이 다 되어서야 그곳을 떠났다.

디도와 나는 팔짱을 낀 채 거리를 지나 내가 묵기로 되어 있는 집(니게르라고 하는 시므온의 집. 바울이 안디옥에 있을 때 늘 머물던 곳이다.)에 도착했다.

지평선 위로 해가 솟을 때 디도와 나는 하나님 앞에 엎드려 그 어떤 어리석은 사람도 하지 않을 담대한 기도를 드리면서 우리의 마음을 쏟아놓았다. 모든 이방 땅에 그리스도의 복음이 전해지고 온 세상에 교회가 생겨나기를 간구했다. 결국 우리는 둘 다 지칠 대로 지쳐서 그대로 바닥에 누워 잠이 들었다.

몇 시간 뒤, 바울이 들어와서 우리를 보고는 미소를 지었다. 그 자신도 회심을 하고 나서 처음 몇 년간 우리 같았던 때가 있었기 때문이다.

나중에 우리는 기도하다 잠든 두 젊은이가 바울에게 얼마나 큰 의미인지 알게 되었다.

다음날은 내 인생에서 가장 근사한 한 주의 시작이었다. 디도도 전적으로 동감일 것이다.

산 아래로 오늘날의 안디옥이 보인다

7
믿음의 동역자 디도를 만나다

두 젊은이는 다음날 해가 중천에 걸리도록 잠을 잤다.

그날 아침, 디도가 나를 그 집 가족들에게 소개했다. 여러분도 알다시피 니게르라 하는 시므온은 주님의 십자가를 대신 지고 갔던 사람이다. 그는 오순절에 회심했고, 몇 년 뒤에 시리아로 건너와 안디옥 교회의 일원이 되었다. 시므온은 성령이 바울과 바나바를 따로 구별하여 이방 땅에 복음을 전하도록 했을 때 그 자리에 있었던 다섯 사람 중 한 명이기도 하다.

시므온에게는 루포와 알렉산더라는 두 아들이 있는데, 그들은 오늘날까지도 그리스도의 신실한 제자로 알려져 있다. (루포는 후에 로마로 건너갔다.)

그날 우리에게 아침상을 차려준 시므온의 아내는 내가 만나본 가장 친절하고 사려 깊은 사람들 중 하나였다. 바울은 안디옥에 있을 때에는 시므온의 집에 머물곤 했는데, 그때 바울의 모든 필요를 돌봐준 사람이 시므온의 아내였다.

그날 오후 늦게 시므온이 도착했다. 나는 그에게 골고다까지 십자가를 지고 갔던 그 운명적인 날에 대해 자세히 들려달라고 청했다.

디도는 전에 그 이야기를 들은 적이 있지만, 그날 시므온이 들려준 이야기에는 디도가 전에 들은 것과는 다른 무언가가 있었다. 시므온은 자신이 장차 주님의 일을 하게 될 두 사람에게 이야기하고 있음을 잘 알고 있었기에 우리가 그 이야기와 관련한 모든 것을 알기 원했다.

처음에 우리는 그의 이야기에 매료되었다가 나중에는 눈물을 흘렸다. 눈물을 쏟기는 시므온도 마찬가지였다. 루포와 알렉산더도 눈물을 흘렸고, 디도와 나는 흐르는 눈물을 주체할 수 없었다. 시므온은 예전에 십자가를 운반했던 커다란 팔로 우리 두 사람을 껴안았다. 시므온의 아내와 두 아들도 우리를 얼싸안고 울었다. 방 안이 온통 눈물바다가 되었다. 이윽고 시므온이 깊은 울림이 있는 목소리로 우리를 위해 기도했다. 그는 이 두 젊은이가 예수님이 그리스도라는 메시지를 가지고 땅 끝까지 갈 것이라고 주께 아뢰었다.

그 후, 며칠간 나는 온 동네를 돌아다니며 질문을 했다. 디도에게 바울과 바나바와 함께 예루살렘에 다녀온 이야기를 자세히 묻고, 베드로를 비롯한 열두 사도와 주님의 형제인 야고보에 대해서도 물어보았다. 그리고 디도가 자신을 엿보던 바리새인들에 대해 이야기할 때(바리새인들은 디도가 할례를 받았는지 여부를 알아보고자 했다 – 역자주), 다른 모든 사람들이 그랬던 것처럼 나도 디도가 벌거벗은 채 예루살렘 거리를 내달리며 바리새인들에게 "내겐 하나님께 의롭다 하심을 받았을 때의 아브라함과 같은 만큼의 살가죽이 있소!" 하고 외쳤다는 이야기를 듣고 배꼽을 잡았다.

반면에 디도는 내게서 바울의 1차 전도여행 때 루스드라에서 있었던 일과 2차 전도여행 때 그리스에서 있었던 일을 자세히 듣고 싶어 했다.

우리는 블라스티니우스 드라크라크마(모든 그리스도인은 모세의 율법을 준수하고 할례를 받아야 한다고 주장하며 바울을 파멸시키려 한 바리새인. 전편 『디도의 일기』에 등장하는 바울의 추격자─편집자주)를 만난 서로의 경험을 나눴다.

나는 디도에게 갈라디아의 네 교회에 대해 이야기해주었다. 각각의 교회가 어떤 고유한 특성을 지니고 있으며, 몇 년간 지도자나 외부의 도움 없이 어떻게 존속해왔는지에 대해. 루디아에 대한 이야기도 들려주고, 실라와 바울이 매를 맞고 투옥되었을 때의 이야기도 자세히 들려주었다.

바울이 데살로니가로 가는 동안 얼마나 궁핍했으며 빌립보 신자들이 보내준 선물을 받고 얼마나 기뻐했는지에 대해 듣고 디도는 눈물을 흘렸다.

우리는 주님의 일과 바울을 파멸시키려 하는 블라스티니우스의 온갖 술책과 바울을 향한 이스라엘 유대인들의 미움(대부분 블라스티니우스가 부추김)에 대해 이야기하고 또 이야기했다.

디도와 나는 늘 뜻이 잘 맞았다. 내가 그를 '형제'라 부를 때 그 말에는 문자적인 의미 이상의 것이 담겨 있다. 우리는 형제보다 더 가까웠다.

나는 또한 디도에게 바울의 비밀스러운 계획에 대해 내가 아는 모든 것을 이야기해주었다. (바울이 방문하려고 하는 도시가 에베소라는 것은 말하지 않았다. 나중에 그를 깜짝 놀라게 해주고 싶었기 때문이다.) 그리고 바울이 일주일 내로 '비밀'을 알려주기로 했다는 것도 말해주었다.

초조하게 기다리는 며칠 사이에, 나는 안디옥 교회의 역사에 대해 내가 흡수할 수 있는 모든 것을 흡수하였다. 어떻게 모임이 시작되었고 성장했으며, 어떤 위기를 겪으며 장로들 없이 교회를 꾸려왔는지에 대해.

나는 성령이 바울과 바나바를 구별할 때 그들이 있었던 방을 보여달라고 청했다.

내가 안디옥 교회 초창기에 바나바와 바울이 어떤 이야기를 했는지 시시콜콜 묻고 다니는 바람에 많은 사람들이 힘들어했던 것은 아닌지 모르겠다. 나는 바울과 바나바가 키프러스 행 배를 탔던 실루기아의 항구에까지 내려가 보았다. 그리고 형제들의 모임에 참석하여 그들의 의사 결정 과정을 지켜보았다. (자매들의 모임에도 초대를 받았는데, 그곳에서 나는 여자들의 방식이 우리 남자들의 방식보다 언제나 더 현명하다는 것을 다시금 확인하였다.)

바울이 베드로에게 맞섰던 곳도 보고 싶었지만, 이 같은 청에 대해서는 "디모데 형제, 우리는 그날 일을 잊고자 한다네."라는 답이 돌아왔다.

내가 누린 가장 큰 특권 중 하나는 안디옥 인근 마을의 모임들에 참석한 것이었다. 이 모든 모임은 안디옥 교회의 형제자매들이 만든 것이다. (그들은 시리아 북쪽 해안까지 해안선을 따라 교회를 세운 사람들이기도 하다.)

디도의 말에 의하면, 바울은 나의 이 모든 '귀찮은' 질문들에 대해 놀라워하는 동시에 기뻐했다. 그러나 질문이 많은 사람은 나뿐만이 아니었다. 질문을 하느라 나만큼이나 바쁜 사람이 또 있었다. 바로 디도의 삼촌인 누가였다.

누가는 나와 마주앉아 바울과 바나바가 갈라디아에 있을 때 겪은 일들을 아주 사소한 것까지 알려달라고 했다. 그는 그리스와 빌립보, 베뢰아와 특히 데살로니가에서 있었던 일에 대해서도 자세히 알고 싶어 했다.

누가는 고린도에 대해 한참을 물어보았다.

"항구까지는 어떤 길로 갔나? 어느 항구에서 배를 탔지? 배는 어떤 종류였나? 항해 기간은 얼마나 되고?"

때로는 바울의 2차 전도여행에 대해, 누가가 나보다 더 많이 아는 것 같이 느껴질 정도였다. (오늘날 나, 디모데는 누가가 내게 그 모든 것을 물어봐준 것을 더없이 감사하게 생각한다. 당시 나는 그가 이 모든 것을 책으로 쓸지 몰랐다. 누가가 이 이야기들을 책으로 써주어서 이방인들이 얼마나 기뻐하는지 모른다. 그가 책을 쓰지 않았더라면 우리는 우리 자신의 이야기도, 예루살렘 이야기도 알지 못했을 것이다.)

그 주가 끝나갈 때쯤, 디도와 나는 바울의 비밀스러운 계획을 듣고 싶어서 안달이 났다. 바울은 약속대로 우리를 방으로 불렀다. 그때 그에게서 들은 이야기를 우리는 결코 잊지 못할 것이다.

8
바울의 여섯 명의 제자

"자네들 둘, 저녁에 나 좀 볼 수 있겠나?" 바울이 말했다. 내가 안디옥에 도착한 날부터 디도와 내가 줄곧 기다려온 말이었다.

그날 저녁 우리는 바울의 방으로 가서 바닥에 앉았다. 바울은 디도에게 눈길을 준 뒤 내게로 시선을 옮겼다.

"얼마 전에 갈라디아와 그리스에 있는 모든 교회에 편지를 보냈다네. 그 답을 기다리느라 지금까지 자네들에게 내 생각을 말하지 못했지. 최근에는 이곳 안디옥의 몇몇 형제자매들에게도 지혜를 구했고, 답을 들었네. 이제 자네들에게 내 계획을 알려줄 때가 된 것 같아."

그 다음에 이어진 바울의 말은 우리를 놀라게 했다.

"자네들은 내 계획에 대해 물었는데, 그것은 이렇다네. 나는 주님이 지상에 계실 때 하신 일을 따라 할 생각이네. 주님은 3년간 열두 명의 제자를 훈련시키셨지. 그분은 제자들과 함께 다니고 함께 사셨어. 그렇게 그들을 훈련시켜서 유대인들에게 보내셨지. 역사상 주님의 열두 제자보다 더 자신들의 일에 잘 준비된 사람은 없을 걸세. 주 예수 그리스도께 훈련 받은 그들은 유대인들에게로 나아갔어. 그들은 이스라엘에서 그리스도를 선포하고 교회를 세웠네."

바울은 앞에 앉아 있는 두 젊은이의 눈을 들여다보았다.

"바로 그 주님께서 나를 이방인에게 보내셨지. 불행히도 우리 주님은 이제 우리 가운데 계시지 않기에 이방 땅에 복음을 전할 이방인들을 직접 훈련시키실 수가 없네. 이방의 젊은이들이 그리스도로부터 보내심을 받는 것은 불가능해. 그러나 누군가는 이방인 사역자들을 훈련시켜야 하네!

현재 이스라엘에는 100만에서 200만에 가까운 유대인이 있다고 하네. 예수님은 100만 명의 유대인에게 제자 12명을 보내셨지. 그런데 브리스길라 자매님의 말에 의하면, 로마 제국의 인구는 7500만이라네! 인구 7500만의 이방 땅에 파송된 사람은 바나바와 실라와 나 셋뿐일세. 비율이 너무 안 맞지 않은가? 전에는 100만 명에 12명이었는데, 지금은 7500만 명에 3명이라니… 게다가 우리 셋은 모두 유대인이잖은가!

이방인 사역자는 한 명도 없네. 교회를 세운 이방인도 한 명도 없고. 이젠 달라져야 해! 우리 셋이 죽은 후에도 주님의 일을 계속할 이방인 사역자가 있어야 하네."

바울이 나를 바라보며 덧붙였다.

"물론 유대인과 이방인 모두에게 다가갈 수 있는 사람도 한 명 있네만."

"디모데, 자네 얼굴이 빨개졌어." 디도가 말했다.

"종종 그렇다네." 바울이 말을 받았다.

"이제는 하나님의 부르심을 받은 이방인 형제들을 훈련시킬 때가 되었어. 내가 죽은 후에도 누군가 이 일을 계속해야 하니까 말일세. 열두 사도의 뒤를 이을 사람은 많지만 내 뒤를 이을 사람은 아무도 없지 않나."

디도와 나는 숨도 제대로 못 쉴 지경이었다.

"그렇다면 누구를 훈련시킬 것인가? 누구를 훈련시켜야 할지는 잘 모르겠지만 어떤 사람을 훈련시켜야 할지는 아네. 자격 요건이 있어."

디도가 신음 소리를 냈다.

"우선 나는 에클레시아에 속한 사람들을 훈련시키려 하네. 에클레시아에 속하지 않은 사람들을 훈련시키는 일은 없을 거야. 둘째, 나는 하나님의 부르심을 받았다고 고백하는 사람들을 훈련시킬 생각이네."

그 다음 말은 우리를 슬프게 했다. "그렇지만 그런 사람은 극히 드물지. 이방 교회의 수도 적은데다 신자 수도 적으니까. 부르심을 받은 사람은 거의 없다네."

"저는 부르심을 받았습니다." 디도가 말했다.

"저도요." 내가 말했다.

"쉿!" 바울이 여전히 속삭임에 가까운 작은 목소리로 말했다.

"나는 하나님의 부르심을 받았다고 생각하는 젊은이 열두 명을 보았지만 그들 대부분은 몽상가였네."

바울이 한숨을 내쉬었다.

"내가 말하고자 하는 바는 이걸세. 나는 부르심을 받았다는 증거를 원해. 그러나 대부분의 사람들에게서는 그런 증거를 찾아볼 수 없네. 예수 그리스도를 향한 불타오르는 사랑을 간직한 사람이 몇이나 되나? 교회를 향한 열정으로 불타오르는 사람이 누가 있나? 십자가의 고통을 감내할 사람이 누가 있나? 그런 사람은 많지 않네.

마지막으로, 가장 중요한 것은 교회의 축복을 받은 사람이어야 한다는 걸세! 그 사람이 스스로를 어떻게 생각하는지는 중요하지 않아. 그가 어떤 사람인지는 그 자신보다 교회가 더 잘 아니까. 내가 훈련시킬 사람은 교회가 전적으로 동의한 사람이어야 하네."

바울이 갑자기 말을 멈췄다.

"예수님은 열두 제자와 함께 3년을 사셨지. 그래서 나, 바울은 사람들(열두 명 이하의)을 모아 3~4년간 함께 생활할 생각이야."

"어디서요?" 디도가 물었다.

바울은 대답하지 않았다.

"다시 한 번 말하지만, 나한테 훈련 받을 사람은 우선 교회의 평범한 형제여야 해. 그리고 훈련을 받은 뒤에는 한 교회에 오래 머물지 않도록 하나님께서 은혜를 내려주셨으면 좋겠네. 한 교회에 오래 머물면 그 교회에 재앙이 될 테니까. 나한테 훈련 받은 사람은 결코 그래서는 안 되네."

"어떤 식으로 훈련하실 생각인데요?" 내가 물었다.

"어디를 가든 그들을 데리고 다닐 생각이야. 그들은 보고 들음으로써, 그리고 마지막에는 직접 해봄으로써 배우게 될 거야. 교회의 일상적인 현실 속에서 배우는 거지. 유대인이나 그리스인이 하는 것처럼 이론이나 강의를 통해 훈련 받는 일은 없을 거야. 나는 가말리엘도 아니고 아리스토텔레스도 아니니까."

디도가 또다시 물었다. "훈련은 어디서 하실 건데요?"

"에베소에서."

나는 디도를 끌어안았다. 비록 디도는 에베소가 어디쯤에 있는지 잘 모를 테지만 말이다.

"훈련 받을 사람은 몇 명인데요?" 디도가 숨죽여 물었다.

"여섯 명이라네."

"예수님이 훈련시킨 제자들의 절반밖에 안 되네요." 디도가 실망한 기색으로 말했다.

바울은 못들은 체했다.

"내가 개척한 교회들에 편지를 써서 방금 전에 말한 것과 같은 자격 요건을 갖춘 젊은이가 있는지 물어보았네. 물론 안디옥에는 편지를 보내지 않았지."

"안디옥 교회에는 묻지 않으셨다고요?" 디도가 놀라서 물었다.

"그런 말이 아닐세. 우리는 지금 안디옥에 있지 않은가? 그러니 굳이 편지를 보낼 필요가 없지. 여기서는 그냥 물어보기만 하면 돼. 오늘 오후에 몇몇 형제자매를 만나서 이야기를 나눴다네."

디도는 두 손으로 이마를 치고는 주저앉으며 바닥에 머리를 찧었다.

"오, 안 돼요. 제가 여기서 저지른 그 모든 실수를 생각하면…."

바울은 또다시 못들은 체했지만 조금 전처럼 성공적이지는 못했다. (나는 그가 웃음을 참는 것을 보았다.)

"교회들에 편지를 보내면서, 나는 하나님께 부르심을 받은 사람이 있는지 물었네. 교회 생활을 한 사람으로, 교회의 신임을 받는 사람이 있느냐고 물었지. 교회들은 매우 솔직하게 답해주었어. 어떤 교회에서는 그런 사람이 없다고 알려왔네. 모교회의 축복을 받지 못한 사람은 훈련 받을 수 없네. 몇몇 사람들은 선택 받지 못한 것 때문에 마음에 큰 상처를 받았지. 하지만 그것은 그들이 훈련 받을 만한 자격이 없음을 보여줄 뿐이야."

디도는 여전히 바닥에 머리를 박은 채 신음하고 있었다.

바울은 계속해서 그를 못 본 체하며 말을 이었다.

"한 교회에는 그들 가운데서 생활하던 젊은이가 다시 그 교회로 돌아가기는 힘들 거라고, 단기적으로 방문할 수는 있겠지만, 계속해서 머물 수는 없을 것이라고 말해두었네."

"그건 제 이야기지요? 그 교회는 루스드라 교회죠? 제가 에베소에 가게 되었군요?" 내가 외쳤다.

"하지만 안디옥은요? 선생님, 안디옥 신자들은 뭐라고 하던가요?" 마침내 디도가 물었다.

"그들은 모두 같은 의견이었네."

"선생님! 더 이상 저를 고문하지 말아주세요. 안디옥에서는 누구를 택했나요?" 디도가 말했다.

바울은 미소를 지었다. "누가의 조카를 선택했다네."

디도와 내가 누가의 조카를 떠올리는 그 짧은 순간, 잠시 정적이 흘렀다.

디도가 기뻐서 펄쩍 뛰었다.

"그건 저예요. 제가 누가의 조카예요!"

그는 나를 끌어안고 방 안을 한 바퀴 돈 다음 바울을 껴안고 웃으며 소리쳤다.

"이걸 자네가 나와 함께 에베소에 갈 의향이 있다는 뜻으로 받아들여도 되겠나?"

"네, 물론이지요!"

그때쯤, 디도와 나는 서로를 있는 힘껏 흔들어대고 있었다. 이윽고 정신을 차린 우리는 우리와 함께 훈련 받을 사람이 누구인지 물어보았다.

"다른 네 사람은 누군데요? 어느 교회에서 오는 형제들인가요?"

"더베 교회에서… "

"가이오군요. 그렇죠?" 내가 소리쳤다. 바울은 굳이 대답하려 들지 않았다.

"다른 사람들은요? 또 어느 교회에서 오나요?" 디도가 물었다.

"데살로니가 교회의 형제들이라네."

또다시 내 입에서 불쑥 말이 튀어나왔다.

"아리스다고와 세군도군요. 틀림없어요."

"대답할 필요도 없겠군그래. 자네가 나를 대신하여 이미 다 정해둔 것 같으니."

"정말이에요? 정말로 아리스다고와 세군도예요?"

바울은 나를 붙잡고 흔들기 시작했다.

"그래, 그래, 그렇고말고! 세군도와 아리스다고라네." 우리는 또다시 바울을 껴안고 그를 공중으로 들어올렸다.

"하지만 아직 한 사람이 남았어요." 디도가 말했다.

"그 한 사람은 누군가요?"

"베뢰아의 소바더라네."

"할렐루야!" 내가 목청껏 외쳤다.

"이건 순전한 축복이에요!"

잊지 못할 그 저녁으로부터 오랜 세월이 흘렀다. 나, 디모데는 지난 날을 돌아보며 바울이 그때 얼마나 놀라운 일을 했는지 새삼 깨닫는다. 그는 예수 그리스도가 갈릴리에서 제자들을 가르치던 방식을 따르기로 했던 것이다. 그날 바울은 그 자신의 "나를 따르라."를 외친 것이다. 그는 훈련시킬 형제 여섯을 택했다. 나는 바울이 이방 세계에 교회를 개척할 때 곁에 있어서 잘 아는데, 그날 바울이 한 일은 그가 전에 한 적이 없는 일이었다. 바울은 하나님의 부르심을 받은 사람을 불렀고, 나중에 그들을 파송했다.

여섯 명이 부름을 받았고, 여섯 명 모두 그 부름에 응했다.

내 인생에서 가장 영광스러운 일 중 하나는 바울의 소중한 꿈이 베일을 벗은 그날 (디도와 함께) 그 방에 있었다는 것이다.

예수 그리스도는 더 이상 세상에 계시지 않지만 그분은 사람들을 훈련시킬 교회 개척자들을 남겨 놓으셨다. 그들이 주님의 일꾼들을 훈련시킬 것이다. 교회 개척자들만이 주님의 일꾼들을 훈련시킬 수 있을 것이다. 그것이 그날 저녁 바울이 우리에게 물려준 유산이다.

우리가 소속되어 있는 교회들은 우리를 아주 잘 (너무나 잘) 앎에도 불구하고 우리를 훈련시키는 일에 전적으로 동의해주었다. 에베소에 온 여섯 명 모두 부르심을 받았다. 여섯 명 모두 교회의 평범한 형제들이었고, 여섯 명 모두 훈련을 받았다. 여섯 명 모두 파송되었고, 여섯 명 모두 끝까지 믿음을 지켰다.

열두 제자가 그리스도를 따랐고, 함께 생활했고, 부르심을 받았고, 파송된 것처럼 우리 여섯 명도 성령의 부르심을 받았고, 교회 개척자에게 훈련을 받았으며, 마침내 교회와 성령에 의해 파송되었다. 그때 이후로 여섯 명 모두 이방 세계에서 교회를 개척하였다. 우리 여섯은 주님의 열두 제자가 이스라엘에서 한 것과 같은 일을 이방 세계에서 했다.

바울의 계획은 교회 개척자로서의 그의 경험에서 나온 천재적인 발상이었다. 다섯 개의 교회에서 여섯 명의 젊은이를 에베소로 불러 모은 것은 확실히 미래의 모든 사역자를 위한 하나님의 방식이었다. 우리 중에는 시리아 사람도 있고 갈라디아 사람도 있었다. 그리스 남부 사람도 있고 그리스 북부 사람도 있었다. 우리는 네 개 지역의 세 가지 문화 속에서 살아온 사람들로, 네 가지 언어와 다양한 방언을 구사하였다.

우리는 각기 다른 모임에 속해 있었고, 이 모임들은 각기 다른 배경과 분위기와 역사를 지니고 있었다. 교회에 따라, 그리고 형제들 개인에 따라 들려줄 이야기가 달랐다. 그러나 우리 모두는 "바울이 우리 도시에 와서 복음을 전하고 교회를 개척했는데, 나는 처음부터 거기 있었다."고 말할 수 있었다.

나, 디모데는 다른 형제들 다섯을 전부터 알던 유일한 사람이었다. 우리 각자는 "나는 처음부터 거기 있었다."고 말할 수 있을 뿐만 아니라 나중에 (에베소에서의 3년을 보낸 후에) "나는 두 번 다 처음부터 거기 있었다."고 덧붙일 수 있었다.

디도와 나는 바울에게 훈련 받기 시작한 이후로 바울이 당시 세상에 알려지지 않은 방식으로 우리를 훈련하려 한다는 것을 깨달았다. 바울은 혁신적이었고 그의 훈련 방식도 혁신적이었다. 우리는 판에 박힌 방식으로 배우지 않았다. 스승의 발치에 앉아 그의 말을 받아 적거나 암기하거나 그대로 되뇌는 식으로 공부하지 않았다. 우리는 일주일에 7일, 하루 24시간을 교회의 문제와 외부의 압박, 오해, 박해와 더불어 살았다. 우리는 함께 현실을 경험했다.

그러나 우리가 이 모든 기쁨을 누리는 동안 고린도에서는 언젠가 교회를 위기에 빠뜨릴 일들이 벌어지고 있었다.

9
고린도 교회에 위기의 조짐이 나타나다

그의 이름은 아볼로였다.

아볼로가 고린도 교회에 끼친 공로와 해악은 오늘날까지도 다 알기 어렵다.

이제 그 이야기를 하고자 한다.

어느 날, 에베소의 유대인 회당에 한 남자가 도착했다. 아볼로는 유대인이지만 이방 지역에서 훈련 받고 이방적인 직업을 가지고 있었다. 그의 부모는 이집트 알렉산드리아 출신의 유대인이었다. 아볼로는 성경을 알았고 또 하나님을 알 만한 마음을 가지고 있었다. 그는 하나님을 찾던 중 곧 메시아가 오시리라는 세례 요한의 메시지에 대해 듣게 되었다. 아볼로는 요한의 메시지를 받아들였지만, 예수님이나 그분의 죽음과 부활에 대해서는 아직 듣지 못한 상태였다.

에베소의 회당에서 아볼로는 메시아에 대한 열정적이고 대담한 설교를 했다. 그의 설교를 들으면 누구라도 그가 실제로 예수님에 대해 듣고 그분이 메시아이심을 믿는다고 생각할 터였다. 그러나 사실 아볼로는 세례 요한이 그리스도에 대해 말한 것 정도밖에 알지 못했다.

아볼로는 소피스트의 전통을 잇는 떠돌이 철학자이자 웅변가였다. (그는 연회나 결혼식, 장례식 등에서 축사나 연설을 해주고 보수를 받았다.)

아볼로는 우리가 본 중에 가장 뛰어난 웅변가였다. (이것은 그의 가장 큰 장점인 동시에 가장 큰 약점이기도 했다.)

아굴라와 브리스길라 부부가 아볼로의 설교를 처음 들은 것은 에베소의 유대인 회당에서였다.

그곳에서 아볼로는 다른 모든 곳에서 했던 것처럼 청중을 웃겼다 울렸다 했다.

(브리스길라는 이렇게 말했다. "나는 로마에서 나고 자랐기 때문에 어렸을 때부터 그리스와 로마의 위대한 웅변가들의 연설을 들어왔지만 이처럼 언변이 뛰어난 사람은 처음 봐요.")

회당에서의 예식이 끝나자 하나님을 경외하는 사람들 중 한 명이 친구가 많이 아프다며 아볼로에게 그 친구를 찾아가봐 줄 것을 청했다. 여러분도 알다시피 이방인들 사이에는 사람이 죽어갈 때 철학자를 불러 마음에 평안을 주는 말을 하게 하는 관습이 있다. (이는 아볼로의 생계 수단 중 하나였다.)

그 다음 안식일에 아볼로는 또다시 설교를 했는데, 이번 설교는 지난번보다 더 훌륭했다. 그러나 아굴라와 브리스길라가 보기에 아볼로는 주 예수 그리스도에 대해 들어본 적이 없는 게 분명했다.

브리스길라는 아볼로를 점심 식사에 초대하여 예수 그리스도의 복음을 전했고, 아볼로는 주저 없이 받아들였다. 브리스길라는 아볼로에게 신자들의 모임이 있는 도시로 가라고 권하며 고린도를 추천했다. 그녀는 아볼로가 고린도에 정착해 살면서 그곳의 모임에 속하기를 기대했다.

그러나 불행히도 아볼로는 교회 생활을 알지 못한 채 사역을 계속했다.

아볼로가 교회 안에서 자신을 내보이는 것을 견딜 수 있었을까? 알 수 없는 일이다. 그는 회심한 날부터 스페인에서 죽음을 맞이할 때까지 그리스도의 몸인 교회 안에서의 삶을 경험하지 못했다. 그는 떠돌이로 살다 죽었다.

(왜 교회의 일원이 되지 않았느냐는 질문을 받으면 아볼로는 늘 이렇게 대답하곤 했다. "날이 어둡고 시간이 늦었습니다. 예수님이 언제 다시 오실지 모르는 지금, 설교만 하기에도 시간이 빠듯합니다!")

아볼로의 언변은 그의 메시지보다 뛰어났고, 그의 은사는 그의 내적인 변화를 훨씬 뛰어넘었다. 그는 교회 생활을 해본 적이 없을 뿐만 아니라 교회가 중심이 된다는 사실을 깨닫지도 못했다. 그는 십자가를 언급할 때가 드물었고, 자기 삶의 십자가에 대해서도 잘 알지 못했다. 그의 사역에 '상실'이나 '패배' 같은 단어는 존재하지 않았다.

그리스도에 대해 잘 알지 못하는 이 뛰어난 웅변가에게 브리스길라는 지혜롭게도 이렇게 말했다.

"모임 중 한 곳에 들어가야 해요. 교회의 일원이 되세요. 그러면 언젠가 주님의 일을 할 준비가 될 겁니다."

그리스적인 문화와 사고에 익숙한 아볼로에게 고린도는 최적의 장소였다. 며칠 뒤 아볼로는 에베소를 떠나 그리스로 향했다. 나중에 알게 되겠지만 그와 고린도 교회의 관계는 훗날 그곳의 모임에 재앙적인 요소가 되었다.

아볼로는 바울이 안디옥을 출발하여 에베소로 향하던 바로 그날 고린도에 도착했다. 우리는 아볼로가 그리스 남부에 도착하면서, 고린도 교회에 커다란 위기의 조짐이 나타나리라고는 상상도 하지 못했다.

10
고린도 교회의 위기

아볼로는 그의 이력과 회심에 대해 쓴 브리스길라와 아굴라의 편지를 가지고 고린도에 도착했다. 고린도 에클레시아에서는 사랑하는 아굴라와 브리스길라의 편지를 지닌 아볼로를 따뜻하게 맞아주었다. 모임에서 아볼로가 말씀을 전하자 고린도 교인들은 그의 언변에 경탄했다.

말을 잘하는 사람들은 대개 영적이라고 여겨진다. 그러나 불행히도 늘 그런 것만은 아니다. 아볼로는 결혼하지 않은 형제로 살게 되었고, 교회의 일원이 될 것으로 기대되었다. 며칠 뒤 아볼로는 또다시 모임에서 설교를 하게 되었다.

아볼로는 나지막하고 깊은 울림이 있는 목소리의 소유자였다. 그는 성경에 통달한 만큼이나 청중을 장악하는 데에도 통달해 있었다.

형제자매들은 이번에도 경탄을 금치 못했다. 곧 바울보다 위대한 인물이 왔다는 소문이 돌기 시작했다. (아볼로의 화술만으로 따지면 맞는 말이다.)

얼마 지나지 않아 아볼로는 거의 모든 모임에서 설교를 하게 되었다. 찬양 시간은 점차 줄어들었다. 찬송가 몇 곡을 부르고 기도를 조금 하고는 서로의 삶을 나눌 시간도 없이 아볼로의 설교로 이어졌다. 그리스도의 몸된 교회의 기능은 줄어들었다.

본래 떠돌아다니기를 좋아하는 아볼로는 그리스의 다른 지역을 다니며 복음을 전하겠노라고 선언했다. 그런 다음 그는 이방 교회의 역사상 선례가 없는 일을 했다. 고린도 에클레시아에 여행 경비를 대달라고 요청한 것이다. 그의 이 같은 요청에 고린도 교인들은 기꺼이 응했다.

아볼로는 베뢰아를 경유하여 데살로니가를 방문했다. 빌립보의 성도들 역시 다른 이방 교회의 성도들과 마찬가지로 아볼로를 따뜻하게 맞아주었다. 아볼로는 한동안 그곳에 머문 뒤 알렉산드리아로 향했다.

나중에 아볼로는 고린도로 돌아왔다. 그의 존재는 고린도 교회를 거의 파괴할 뻔한 (그리고 다소의 바울을 몹시 상심하게 한) 위기를 불러왔다. 바울의 말처럼 '남의 터 위에 건축할 때에는 주의해야' 하는데, 아볼로는 바울이 닦아놓은 터 위에 건축하면서 그다지 주의를 기울이지 않았던 것이다.

한편 우리(바울과 디도와 나)는 에베소로 떠날 채비를 하고 있었다. 바울이 아볼로의 부주의로 인해 발생한 고린도 교회의 문제점들을 알게 되기까지는 몇 년이 더 걸렸다. 몇 년 뒤 이 문제가 터지면서 동시에 블라스티니우스와 칼잡이들로 인한 위기가 찾아왔다. 한꺼번에 세 가지 위기가 닥친 것이다.

우리가 안디옥을 떠나기 직전에 훌륭한 젊은이 네 명에게서 편지가 왔다.

11
예루살렘 교회 소식을 듣다

첫 번째 편지는 더베의 가이오가 보낸 것이었다. 그는 우리의 도착을 기다리고 있겠다고 썼다. (바울은 갈라디아를 거쳐 에베소로 갈 계획이었다.)

그 바로 뒤에 그리스에서 편지가 왔다. 베뢰아의 소바더가 보낸 것으로, 그는 소아시아로 건너와 드로아에서 우리를 기다리겠다고 했다.

그 다음 편지는 데살로니가에서 온 것이었다. 세군도와 아리스다고는 소바더가 데살로니가를 지날 때 그를 만나서 함께 드로아로 가서 우리를 기다리겠다고 했다.

형제들은 각자 자신이 속한 모임에서 그들의 여행 경비를 충분히 마련해 두었으며 또한 성대한 환송식을 열어줄 계획이라고 알려왔다.

바울은 시리아 북쪽 해안선을 따라 올라가다가 갈라디아로 가기로 했다. 갈라디아에서 소아시아 북서쪽으로 진행하여 드로아에서 형제들을 만난 후 다 함께 더베로 갈 예정이었다.

오순절 성령강림 사건 이후로 24년이 지났다. 안디옥 교회가 생긴 지도 어언 14년이 되었다.

안디옥을 출발하기 몇 시간 전에, 예루살렘의 실라가 보낸 편지가 도착했다. 매우 암울한 내용의 편지였다. 이스라엘에 날로 긴장이 고조되고 있다고 했다. 칼잡이들은 이제 단순히 공포를 조장할 뿐만 아니라 효율적으로 암살을 실행하는 무력 집단이 되어 있었다. 이 암살자들의 무리는 모세의 전통을 흐리는 사람은 누구든 살려두지 않기로 맹세하고 또 로마에 빌붙어 부를 축적한 유대인은 누구든 암살하기로 했다고 한다. 칼잡이들은 바울을 암살 대상자 명단에 올릴지를 논의하는 중이었다. 그러나 특히 우리를 두려움에 떨게 한 것은 "바울 선생님, 선생님이 이곳 예루살렘에서 논쟁의 중심이 되었음을 아셔야 합니다."라는 구절이었다.

나는 바울이 편지를 읽는 것을 지켜보았다. 그에게는 두려운 기색이 전혀 없었다. 바울은 이미 지방 정부의 탄압에 대해 마음을 내려놓았고, 여러 교회들에 대해 인내하는 법을 배웠다. 그는 끊임없이 블라스티니우스의 살해 위협에 시달렸으며, 자신이 아직 유대인 신자 전체의 전폭적인 지지를 받지 못하고 있음을 알고 있었다. 그러나 바울은 자기 안에 쓴 뿌리가 자라도록 방치하지 않았다. 그는 지고 또 지는 법을 배웠다. 암살 논의가 있다는 소식에도 그는 이방 교회들을 걱정했다. 그가 죽고 나면 이 교회들은 어떻게 될 것인가?

실라의 편지로 인해 바울은 에베소에서 젊은이들을 훈련시키려는 결심을 더욱 확고히 했다. 안디옥을 떠나기 직전에 바울은 디도와 누가와 나를 불렀다.

"어쩌면 내가 제명에 죽지 못할지도 모르겠네. 8년 전에 바나바와 나는 이곳을 떠나 키프러스로 갔고, 거기서 다시 복음이 전해지지 않은 곳으로 갔지.

이제 안디옥 교회가 든든히 서준 덕에 복음이 갈라디아뿐만 아니라 시리아 해안과 길리기아에까지 전파되었네. 시리아의 가장 끄트머리에 있는 교회와 갈라디아의 최전방에 있는 교회 사이의 거리가 120킬로미터가 채 안 되지. 하나님의 뜻이라면, 나는 에베소에 에클레시아가 탄생하는 것을 보게 될 걸세. 에베소에서 그리스 북부까지는 배로 사흘밖에 안 걸린다네. 형제들, 내가 불의의 죽음을 당하게 되면 자네들이 언젠가 그리스 서부에, 일루리곤과 달마디아에 예수 그리스도의 교회를 세워야 하네. 이유는 굳이 말할 필요도 없겠지만."

바울이 눈을 반짝였다.

"그래도 말해주겠네. 그리스 서부와 일루리곤에서 아드리아해를 건너면 바로 이탈리아일세. 이탈리아 해안에서 로마까지는 금방이라네. 내가 죽거든 이방인인 자네들이 로마에 복음을 전해야 하네."

누가가 끼어들었다.

"만약 클라우디우스 황제가 신이 되면(로마 황제는 사후에 신격화되었다-역자 주), 그리고 칼잡이들이 선생님을 해치지 못하면 선생님이 로마에 가셔야 해요."

"나도 그러길 바라네. 하지만 클라우디우스는 매우 건강하다네." 바울의 그 다음 말은 감동적이었다.

"나는 언젠가 사람들이 예루살렘을 출발하여 시리아와 길리기아를 지나 서쪽의 갈라디아로, 그리고 거기서 다시 북서쪽의 소아시아로 가는 동안 사나흘에 한 번은 예수 그리스도의 에클레시아를 만나는 날이 오기를 간절히 바란다네. 그것이 나의 소망이고 꿈일세."

바울은 살아 있는 동안 하나님이 왜 그의 마음속에 그런 소망을 주셨는지 알지 못했다. 그러나 바울이 죽은 후 예루살렘이 멸망하고 수천 명의 신자가 이스라엘을 떠나는 날이 왔다. 그리고 그들이 북으로 피난을 떠날 때 가는 곳마다 이방 교회가 있어서 그들을 도왔다.

바울이 말을 이었다.

"신자들이 로마를 떠나 일루리곤으로 건너가서 그리스로 내려갔다가, 그리스에서 배를 타고 에베소로 가서 다시 예루살렘으로 가는 동안 예수 그리스도의 에클레시아를 많이 만날 수 있는 날이 왔으면 좋겠네. 내가 죽거든 이 교회들을 세우는 것은 자네들 몫이야."

"로마에 에클레시아를 세우는 것은… 생각만 해도… 온몸이 떨려옵니다." 누가가 말했다.

"선생님이 오래 사셔서 로마에 가셔야 해요. 우리로서는 감당하기 힘든 일입니다."

바울의 대답은 확신에 차 있었다.

"우리 유대인에게 로마를 떠나라고 명령한 것은 클라우디우스 황제가 처음이 아닐세. 예수님이 사역을 시작하시기 10년 전에도 티베리우스 황제가 우리를 로마에서 내쫓았지. 하지만 그는 결정을 번복해야 했어. 로마에서 장사하는 사람 중에 유대인만큼 정직한 사람도 없었거든. 우리를 정직하게 만들어준 모세 율법 620개 조항에 감사해야겠지. 어쩌면 클라우디우스도 우리를 내쫓았다가 티베리우스와 같은 깨달음을 얻게 될지도 모르네."

그날 바울이 한 말을 우리는 수년간 마음속에 간직했다. 그 이외에 바울이 한 말이라곤 실라의 편지에 관한 것이 전부였다.

"베드로 사도의 안전이 걱정일세. 칼잡이들이 언젠가 그를 암살 대상자 명단에 올릴 거야. 이스라엘에 남아 있는 한 베드로 사도는 몹시 위험한 상황이야."

그런 다음 바울은 예언적인 말을 했다.

"이스라엘에 전쟁이 날까 두렵네. 만약 전쟁이 나면 수십만 명의 유대인이 피난을 가겠지. 개중에는 이집트로 가는 사람들도 있을 거야. 그럴 경우, 그곳에서도 그들을 맞이할 이방인 신자들이 있었으면 좋겠네. 북쪽으로 피난을 떠난 유대인 신자들은 이방 교회들이 따뜻하게 맞아줄 텐데…."

"이제" 하고 그가 마지막으로 말했다.

"자네들 둘은 가서 짐을 꾸리게. 다른 젊은이 네 명이 우리를 기다리고 있네! 어서 에베소로 가세나!"

안디옥 교회가 생긴 지 14년 되던 해였다. 때는 여름이었고, 클라우디우스 황제가 통치하던 시절이었다. 예수 그리스도가 부활하신 지 24년이 지난 그때 이방인 사역자들이 훈련을 받으려 하고 있었다.

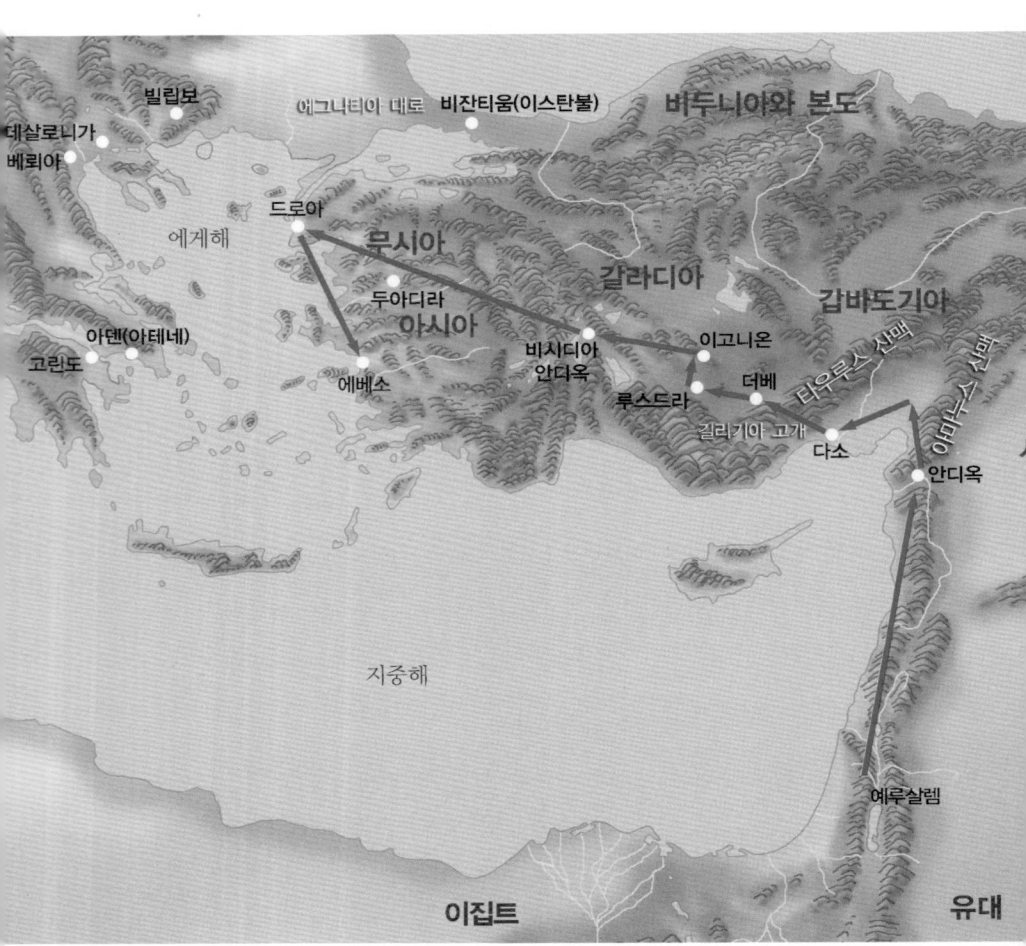

안디옥에서 에베소까지의 바울의 여정

12
안디옥 교회를 떠나 에베소로 향하다

　다음날 아침, 약 400명의 형제자매가 노래를 부르며 다프네 문을 지나 우리를 배웅하였다. 그들은 한 시간쯤 우리와 함께 걷다가 먼동이 튼 후에야 안디옥으로 돌아갔다.
　디도는 북쪽으로는 가본 적이 없었다. 우리는 둘 다 시리아 북부와 길리기아의 교회들을 방문한 적이 없었다.
　그날부터 우리의 훈련이 시작되었다고 할 수 있으리라.
　해안선을 따라 올라가는 동안 사흘 걸러 한 번씩은 교회가 있는 마을을 만났고, 그곳의 모임에서 예수 그리스도의 교회에 관한 새로운 무언가(교회가 어떻게 세워졌고 어떻게 성장했는지)를 알게 되었다.
　"이렇게 많은 교회가 생긴 줄 몰랐어요." 디도가 말했다.
　"안디옥의 형제들이 해안선을 따라 올라가며 복음을 전파했군요."

8년 전에는 해안가에 교회가 하나도 없었다. 그런데 이제는 적어도 이틀이나 사흘 밤은 이 교회들 중 한 곳에서 지내게 되었다. 해안선을 따라 여행하는 내내 순수한 기쁨을 맛볼 수 있었다.

그렇지만 그 여행에서 가장 좋았던 것은 디도도 나도 음식 자루를 나르지 않아도 된다는 것이었다.

(몇 년 뒤 바울이 바다에서 죽을 고비를 넘기고 로마에 도착했을 때 그는 "우리가 함께 에베소에 갈 때처럼 편안한 여행은 아니었네." 하고 말했다.)

우리는 내 고향 루스드라에서 160킬로미터가 채 안 되는 곳에서 북서쪽으로 방향을 틀었다. 갈라디아 지방에서 우리가 처음으로 발길을 멈춘 곳은 더베였다. 그곳에서 가이오가 우리를 기다리고 있었다.

디도는 마침내 갈라디아의 교회를 방문하게 된 것에 감격하여 거의 제정신이 아니었다. 그는 예루살렘과 안디옥을 처음 방문했을 때의 나와 비슷했다.

더베의 형제자매들을 만난 것은 우리 모두에게 참으로 의미 있는 순간이었다. 갈라디아의 다른 세 교회(비시디아, 이고니온, 루스드라)에서도 형제자매들이 우리를 보러 왔다. (내 어머니 유니게도 그 자리에 있어서 나를 당황하게 했다.)

가이오가 나와 디도처럼 흥분해 있었음은 말할 것도 없다. 더베에서의 첫날, 우리 셋은 밤새 이야기꽃을 피웠다. 바울이 (그리고 더베 교회가) 가이오를 택한 이유를 알기까지는 그리 오래 걸리지 않았다. 가이오는 진정한 개척자이자 복음 전도자였으며, 우리 중 가장 용감하고 언제 어디로든 떠날 준비가 되어 있었다.

바울은 갈라디아의 다른 세 교회에서 온 형제자매들과 함께 며칠을 보냈다. 그런 다음, 우리는 더베를 떠나 갈라디아의 다른 교회들로 향했다. 가는 도시마다 우리 세 젊은이는 주님의 일에 관한 새로운 무언가를 알게 되었다.

갈라디아의 성도들을 방문했을 때 한 가지 인상적이었던 것은 이제는 모든 교회 안에 말씀을 전하는 형제들이 있다는 점이었다. 그리고 네 교회 모두에 에클레시아를 격려하고 권면할 수 있는 형제자매들이 있었다. 갈라디아의 형제자매들은 모임에서 발언하는 것을 주저하지 않았다. 갈라디아의 교회들은 외부의 도움도 별로 없이 그리스도 안에서 성장하고 있었다. 내게 그것은 기적이었다. 안디옥 교회는 거의 이방인들의 교회였지만 갈라디아의 교회들은 진실로 이방인들의 교회였다. 이 교회들은 얼마 전에 방문한 시리아와 길리기아의 그 어떤 교회와도 달랐다.

바울은 "교회가 수적인 면에서 성장했으며, 지혜 면에서도 성장했다."고 말했다.

그것은 사실이었다. 이방 교회들은 처음 4~5년간은 거의 성장하지 못했다. 그렇지만 지금은 형제들(특히 처음부터 거기 있었던 형제들)이 새로운 신자들을 돌볼 만큼 성숙했고, 그리하여 점점 더 많은 사람들이 모여들게 되었다.

늘 어려운 질문을 하곤 하는 가이오가 바울에게 물었다. "선생님은 갈라디아의 각 지역에 교회를 하나씩만 세우셨어요. 교회를 지역별로 하나씩만 세운 뒤 그 지역이 복음화되었다고 말씀하셨는데, 그게 무슨 뜻인가요?"

"지역별로 하나면 충분하다네." 바울이 대답했다. "모임의 형제자매들이 그 지역의 다른 마을에 복음을 전할 테니까. 교회가 교회를 개척하는 거지."

바울은 가이오를 한참 바라보더니 이렇게 덧붙였다. "가이오, 내 말이 무슨 뜻인지 알겠나?"

"네, 알 것 같아요. 갈라디아의 네 교회가 매우 바빠지겠군요."

바울이 미소 지으며 말을 이었다. "어떤 지역이든 가장 먼저 생기는 교회가 가장 많은 시간을 필요로 한다네. 그건 이스라엘(예루살렘)의 경우에도 마찬가지야. 주님이 승천하신 후 처음 7년간 지상에는 교회가 하나밖에 없었지.

예루살렘 교회에서 안디옥 교회가 나왔고, 안디옥 교회에서 갈라디아 지방의 이방 교회들이 나왔네. 안디옥 교회가 교량 역할을 한 셈이지. 모든 이방 교회들이 안디옥 교회에서 나왔으니까…. 그러나 이 모든 것이 꽃을 피우기까지는 꽤 시간이 걸렸어. 그러니까 새로 시작한 일에서 너무 많은 것을 기대하지는 말게. 터를 닦는 데에는 시간이 필요하다네! 영혼의 구원에는 시간이 걸리기 때문이지."

바울이 갈라디아를 방문한 것은 이번이 세 번째였다(8년 동안 세 번 방문했다.). 바울은 각각의 모임에 속한 모든 형제들과 하루이틀을 함께 보냈고, 자매들과도 하루이틀 함께 시간을 보냈다. 그리고 마지막 며칠간은 전체 회중 앞에서 설교를 했다. 그런 다음 우리는 그곳을 떠났다.

갈라디아 지방의 네 교회가 바울을 얼마나 사랑하고 또 서로를 얼마나 사랑하는지는 굳이 설명할 필요가 없을 듯하다.

  우리는 한 지역에서 다른 지역으로 이동하는 시간을 포함하여 꼬박 한 달간 갈라디아에 머문 후 소아시아로 향했다. 처음 며칠간은 갈라디아 성도들이 우리와 함께 걸었다. 그러나 이윽고 그들도 돌아가고 우리만 남았다.

  길을 가는 도중에 에베소까지의 거리를 알려주는 이정표들이 눈에 띄었다. 새로운 이정표를 만날 때마다 '아름다운 도시 에베소'에 2킬로미터 더 가까워져 있었다.

  북쪽으로 이동하던 중에 그리 멀지 않은 곳에서 남쪽으로 내려오는 그리스인 세 명이 보였다. 그들을 만났을 때 얼마나 반가웠는지 모른다.

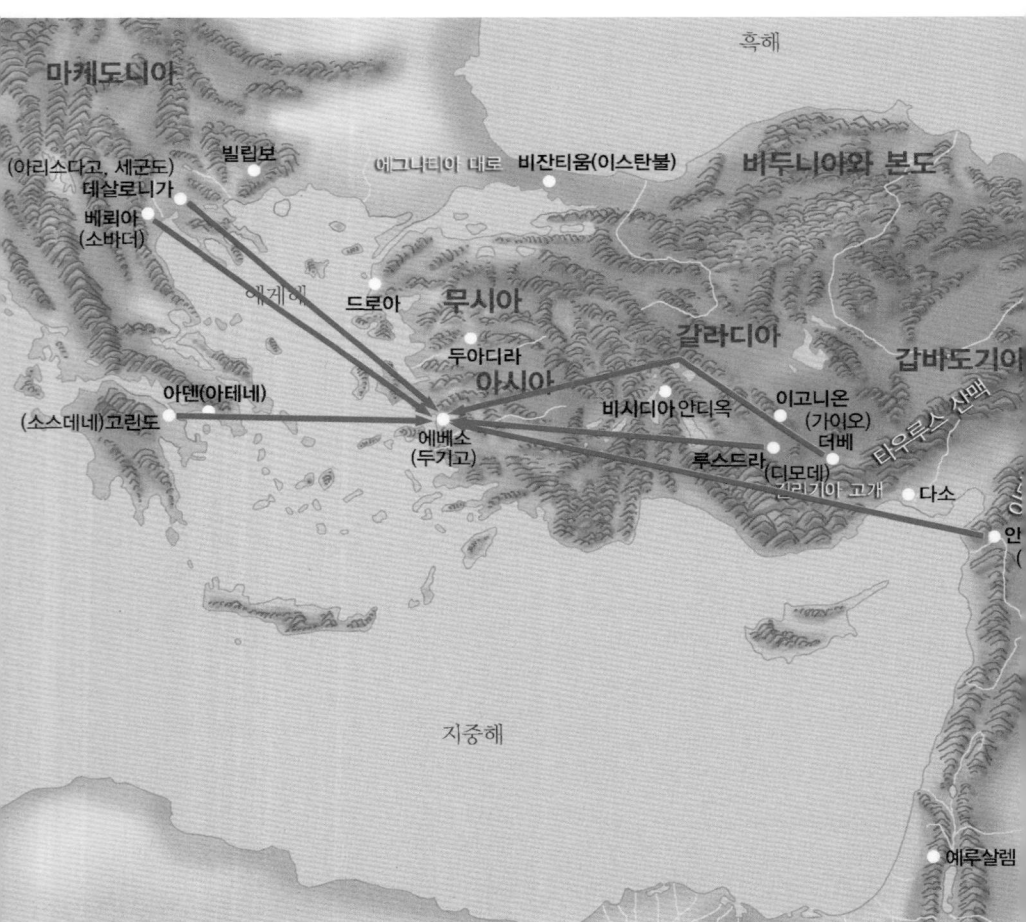

에베소에 모인 바울의 제자들

13
에베소에 드디어 도착하다

드로아에 도착하니, 그리스 북부에서 온 세 형제가 우리를 기다리고 있었다.

나, 디모데는 그날 우리가 어떠했는지 말로 다 표현할 수 없을 것 같다. 드디어 일곱 명이 만난 것이다! 우리는 서로 끌어안고 소리 지르며 하나님을 찬양했다. 밤이 되자 바울은 자기 방으로 건너갔다. 우리는 밤새 이야기하며 웃고 또 이야기하며 웃었다.

그리스 형제들은 바울이 빌립보에 간 첫날 있었던 일들을 이야기했고, 가이오와 디도는 그들의 이야기에 귀를 기울였다.

우리는 한낮이 다 되어서야 잠이 들었다.

바울은 아침 일찍 우리를 깨웠다. 그는 즉시 에베소를 향해 출발해야 한다고 말했다. 우리 모두는 신음 소리를 냈다. 바울이 그 여관에서 하루 더 묶기로 했음을 고백할 때까지 계속해서…. 확실히 바울은 미혼의 젊은이들이 어떠한지 알고 있었다.

우리 일곱은 그날 저녁 때까지 계속해서 이야기를 나눴다. 바울은 가슴속에 품고 있던 많은 것을 나누며 우리와 시간을 보냈다. 그가 그리스 형제들과 나눈 것 중 하나는 일루리곤에 교회가 서는 것을 보고 싶다는 것이었다.

"일루리곤은 그리스 북쪽에 있어서 아드리아해만 건너면 바로 이탈리아일세. 디도와 디모데에게도 말했지만, 내가 죽거든 자네들 그리스 젊은이들이 일루리곤에 교회를 개척하는 일을 맡아주게."

그런 다음 바울은 불쑥 이렇게 말했다.

"예수 그리스도는 예루살렘이 포위되고 이스라엘 사람들이 피난을 가게 되리라고 경고하신 적이 있지. 베드로 사도와 나는 그날을 대비하여 북아프리카에 복음이 전파되고 에클레시아가 생겨났으면 한다네. 그리고 북쪽으로 피난을 떠난 유대인들을 위해서는, 유대인 신자들이 이방 땅에 들어갔을 때 유대 교회가 아니라 이방 교회의 영접을 받기를 간절히 바라네. 그날에 키프러스에서와 같은 상황이 벌어지지 않았으면 해. 이방 땅에서 유대적인 분위기의 교회를 보지 않았으면 한다는 말일세. 키프러스에서는 이방인이 교회의 일원이 되려면 유대 문화를 받아들여야 한다네. 그러나 내 생각에는, 유대인이 이방 땅에 가면 이방적인 교회 분위기에 익숙해져야 하고, 반대로 이방인이 예루살렘에 가면 유대적인 교회 생활에 익숙해져야 해."

바울은 엄숙하게 말했다.

"나는 오직 유대 교회와 이방 교회의 일치를 위해 기도할 따름이네. 유대인들이 자네들의 나라로 도망쳐 올 때 그들을 따뜻하게 맞아주게. 오늘날 그들은 자네들에게 할례를 요구하지 않아. 그러니 자네들도 자네들의 방식을 강요하지 말게나."

그런 다음, 바울은 우리에게 기대하는 바와 우리와 함께 하고자 하는 것들 그리고 우리에게 해주고자 하는 것들에 대해 이야기했다.

그날 저녁, 우리는 많은 기도를 드렸다.

다음날 아침, 스물다섯에서 서른 살에 이르는 우리 여섯 명의 젊은이는 에베소를 향해 출발했다. 우리는 젊은 사람들이 그렇듯 신이 나서 떠들어대며 노래하고, 주님을 찬양하고, 큰 소리로 터무니없는 기도를 드렸다. 그럼에도 바울의 얼굴은 기쁨으로 빛났다.

때로는 여섯이 나란히 걷기도 했다. 바울은 우리의 떠드는 소리를 피해 한참 앞서 걷기 시작했다. 나는 평생 많은 곳을 돌아다녔지만 그렇게 돌아다닌 시간들 중 가장 기억에 남는 때는 그때였던 것 같다. 우리는 3년간 바울과 함께 살 새로운 도시로 들어가는 참이었던 것이다!

에베소에 거의 다달았을 때, 우리는 걸음을 멈추고 바울을 에워쌌다. 그리고 서로 바싹 붙어 서서 노래하고 기도하며 눈물을 흘렸다. 에베소까지 남은 마지막 1.5킬로미터는 그렇게 시작되었다.

몇 분 뒤, '아름다운 도시 에베소'가 시야에 들어왔다. 우리는 길 한가운데에서 무릎을 꿇고 기도를 드렸다. 아, 우리가 어떻게 기도했던가! 특히 바울은 누구보다 열렬히 기도했다.

며칠 동안 우리 마음속을 차지한 생각은 '바울이 어떻게 시작할 것인가?' 하는 것이었다.

우리 여섯 명은 모두들 '처음부터 거기 있는 것'의 중요성을 알고 있었다. 우리는 각자의 소속 교회가 처음 시작될 때부터 거기 있었다. 그리고 바울의 새로운 사역을 '처음부터' 보고 싶었다.

시작할 때까지 얼마나 걸릴까? 첫 번째 회심자는 누구일까? 그 최초의 신자들은 어떻게 그리스도께로 나아올까? 바울은 회당에서 시작할까 아니면 시장에서 시작할까? 만약 회당에서 시작한다면 그 결과는 어떠할까? 우리가 에베소에 들어간 순간부터 첫 번째 모임이 열리기까지는 얼마나 걸릴까? 시작이 얼마나 어려울까? 루스드라나 이고니온, 데살로니가에서 그랬던 것만큼이나 어려울까? 한마디로 바울은 복음이 전파되지 않은 곳에서 어떻게 교회를 시작할 것인가?

우리는 그 답을 얻었다. 에베소 에클레시아는 우리가 에베소에 도착하기 전에 시작되었다고 할 수 있을 것이다.

우리가 기도하던 곳에서 조금 더 나아가니 길에서 멀지 않은 곳에 열두 사람이 모여 있는 것이 보였다. 그들은 열렬히 기도하고 있었다. 참으로 믿기지 않는 광경이었다. 그리스인과 로마인은 그런 일을 하지 않기 때문이다.

바울은 길에서 벗어나 그들에게 다가갔다. 서른 발짝쯤 걸어가 귀 기울여 듣고는 이렇게 물었다.

"나는 바울이라고 하는 유대인입니다. 당신들도 유대인인가요?"

"아니오, 우리는 유대인이 아닙니다." 그들이 대답했다.

"우리는 그리스인이에요. 당신 같은 유대인이 '하나님을 경외하는 사람'이라고 부르는 사람들이지요."

"메시아에 대한 소식을 들었나요?"

"네, 메시아를 기다리는 중입니다. 20년도 더 전에 세례 요한이라고 하는 사람이 유대 지방을 두루 다니며 메시아가 오실 것이라고 말했지요."

"믿을 때 성령을 받았습니까?" 바울이 궁금해했다.

"아니오." 그들이 대답했다.

"무슨 말씀을 하시는지 잘 모르겠군요. 성령이라는 말은 처음 듣는데요?"

바울이 미소 지었다. "형제들, 잠깐 앉아서 이야기를 나눠도 될까요?"

"물론이지요." 그들이 대답했다.

바울은 곧바로 핵심으로 들어갔다.

"메시아는 이미 오셨습니다. 그분의 죽음과 부활에 대해 듣지 못했나요? 오순절 성령강림 사건에 대해서는요?"

이제 그들이 궁금해할 차례였다. 열두 명 모두의 얼굴에 흥분과 놀라움, 혼란의 빛이 떠올랐다.

"이름이 뭔가요?" 바울이 그 중 한 명에게 물었다.

"에베네도입니다."

"어디 출신인가요?"

"이곳 소아시아 출신입니다."

(나, 디모데는 여섯 젊은이가 입을 벌리고 눈을 크게 뜬 채, 이 놀라운 드라마가 펼쳐지는 것을 지켜보고 있었음을 고백한다.)

바울은 메시아가 오신 것에 대해 이야기하기 시작했다. 몇 분 뒤, 놀랍게도 열두 명 모두가 성령을 받았다.

"나는 믿습니다. 나는 믿어요." 하고 처음으로 외친 사람은 에베네도였다.

바울은 예수님이 십자가에 못 박히시고 부활하신 후에 일어난 일들에 대해 이야기했다. 그러자 곧 다른 열한 명도 에베네도를 따라 주님을 믿는다고 고백하였다. 바로 우리 눈앞에서 열두 명의 이방인이 예수 그리스도의 영원한 생명을 받아들이고 있었다.

"자, 이제 원한다면 무릎을 꿇고 성령을 받으시오."

우리 여섯 명은 20보쯤 떨어진 곳에서 숨죽인 채 그 광경을 지켜보았다. 바울이 열두 사람에게 안수하였으며, 그들은 성령으로 세례를 받았다. 고넬료의 집에서처럼 모두들 방언을 했다.

바울이 고개를 돌려 우리를 똑바로 바라보며 말했다.

"자네들은 오순절 때 화덕에 구운 빵 두 덩어리를 먹는 유대의 전통을 알고 있을 걸세. 그런데 오늘 이스라엘에서 멀리 떨어진 이곳에서 두 번째 덩어리의 의미가 실현된 것을 목격하게 된 거지"(빵 두 덩어리 중 첫 번째 덩어리는 유대 교회를, 두 번째 덩어리는 이방 교회를 의미한다 – 역자주).

열두 명의 새신자가 우리에게 다가왔고, 우리는 그들을 향해 다가갔다. 전혀 모르는 사람들이 그리스도 안에서 서로 얼싸안고 즐거워했다. 누군가 노래 부르기 시작했다. 마침 우리 열아홉 명 모두 아는 노래였다. 우리는 한목소리로 노래했다. 노래가 끝난 후 새신자 몇 명이 구세주께 드리는 최초의 기도를 하려고 입을 달싹거렸다. 우리는 감격에 겨워 거의 제정신이 아니었다.

마침 근처에 카이스터 강이 있었다. 바울이 우리 여섯 명에게 손짓을 하며 강을 가리켜 보였다. 우리는 여전히 눈물을 흘리며 강물 속으로 들어갔고, 열두 명의 새신자도 우리를 따라 강물에 몸을 담갔다. 시리아와 갈라디아, 그리스 출신의 여섯 이방인이 소아시아 출신의 열두 사람에게 세례를 주었다. 열두 명이 사망에서 그리스도의 영원한 생명으로 옮겨간 것이다. 우리는 이루 말할 수 없이 기뻤다. 아니, 황홀했다.

"이것이 바로 우리가 기도하던 겁니다." 에베네도가 말했다.

"누군가 와서 우리에게 메시아가 오셨다고 알려주는 것 말입니다."

우리는 더 없이 영광스러운 광경에 넋이 나간 상태였지만, 모두들 큰 소리로 주님을 찬양하기 시작했다. 그날 우리 여섯 명은 물 한 잔으로 지옥불이라도 끌 수 있을 만큼 고무되어 있었다.

바울이 물속으로 들어갔다.

"디도 형제, 자네들은 우리가 에베소에서 어떻게 시작할지 궁금해했네. 얼마나 어려울지 궁금해했지. 그런데 보게나… 얼마나 쉬운가?"

우리는 웃다가 울다가 다시 웃고 또 웃었다.

(나중에 바울이 내게 속삭였다. "아마 늘 이렇게 쉽지만은 않을 걸세.")

몇 분 뒤, 우리 열아홉 명은 기쁨에 겨워 노래하고 소리 지르며 에베소 성문을 지났다. 찬양이 기도로 바뀌었을 때 우리는 에베소 시와 에베소의 통치자와 권력자들 그리고 주님을 향해 이런저런 선언을 했다. 우리는 베드로가 예루살렘 성전에서 병을 고쳐준 사람과 별반 다르지 않았다. 걷다가 뛰다가 하나님을 찬양하기를 반복했다. 다소의 바울도 우리만큼이나 소란스러웠음을 첨언해둔다.

우리는 그런 상태로 에베소에 도착했다. 그리고 여러 달 동안 우리를 기다리던 부부의 집으로 갔다. 그날 다섯 젊은이는 브리스길라와 아굴라를 처음 만나는 영광을 누렸다.

에베소 중앙길

14
에베소에서 브리스길라와 아굴라를 만나다

"환영합니다, 전사 여러분." 브리스길라가 말했다.

"하지만 이렇게 많을 줄은 몰랐어요."

그 말을 들으니, 또다시 조금 전의 감동이 밀려왔다. 우리는 간신히 정신을 수습하여 브리스길라에게 그날 있었던 일을 이야기했다. 브리스길라도 곧 우리처럼 감격스러워했다.

몇 분 뒤에 도착한 아굴라는 줄곧 "시작부터 대단하군요. 정말 대단해요!" 하고 중얼거렸다.

그것은 전에 없던 일이었다.

그날 저녁, 우리는 브리스길라가 준비한 풍성한 음식을 먹었다. 그리고 다음날 저녁에 다 함께 다시 모이기로 했다. 도착한 지 24시간 만에 하나님의 백성들의 모임이 열리는 것이다.

이 얼마나 근사한 시작인가!

그날 브리스길라와 아굴라는 우리에게 집 안을 둘러보게 해주었다. 가장 눈에 띄는 것은 50명 이상이 들어갈 수 있을 만큼 널따란 방이었다.

피곤에 지친 교회 개척자와 그의 제자들은 어둠이 내려앉기 직전에 각자 방을 찾아들어가 잠을 청했다.

늘 그렇듯 바울은 우리보다 일찍 일어났다. 우리가 일어났을 때쯤 그는 이미 아굴라와 함께 시장에 나가 천막과 마구를 수선하고 있었다.

바울은 그런 사람이었다. 그는 어디를 가든 다른 신자들에게 본이 되고자 했다. 에베소에서의 그 첫날 아침, 바울은 또다시 청지기로서의 임무를 자임했다. 그는 다른 그리스도인들과 미래의 사역자들에게 본이 되고자 했다. 우리에게 '본'이 되는 것이 바울의 삶의 주된 목적이었다. 하나님의 부르심을 받은 다른 유대인들과 달리 바울은 전임 사역자가 아니었다. 파트타임 사역자도 아니었다. 다소의 바울은 전일제나 시간제로 일하지 않고도 그가 이룬 모든 것을 다 해냈다. 바울은 짜투리 시간을 활용하여 일하는 사역자였다. 그렇지만 짜투리 시간에만 주님을 섬김에도 불구하고 그가 가는 곳은 어디든… 땅이 흔들렸다. 우리 시대의 어떤 전임 사역자도 바울보다 많은 것을 이루지는 못했다. 바울 같은 사람이 또 있을까? 부디 앞으로도 오랫동안 많은 사람들이 바울을 본받을 수 있기를…!

에베소에서의 사역을 시작할 때 바울에게 남은 생은 12년에 불과했다. 이제 바울의 생각은 돌아오는 안식일과 회당으로 향했다. 그는 회당에 브리스길라의 친구가 많다는 사실을 알고 있었다. 그리고 무엇보다도 1년쯤 전에 이곳에 머물 때 회당에서 환영을 받았다.

"블라스티니우스는 그가 생각한 만큼 똑똑하지는 않은 모양이야." 회당으로 가는 길에 디도가 말했다.

"그의 상상력은 바울 선생님이 길을 떠날 때처럼 멀리 가닿지도 않고 빠르지도 않으니까 말이야. 브리스길라 자매님 말로는 이곳 사람들 중 바울 선생님에 대한 비난을 들은 사람은 아무도 없다는군!"

우리 여섯 명은 하나님을 경외하는 사람들 가운데 자리를 잡았다. 가이오는 시골 출신답게 얼굴이 불그스름했다. 세군도와 아리스다고는 그리스적 특성이 강한 외모로, 반짝이는 검은 눈과 검은 머리칼에 피부색이 매우 밝아서 마치 해처럼 빛나 보였다. 금발에 푸른 눈을 한 소바더는 전혀 유대인처럼 보이지 않았다. 그리고 바빌론 출신의 앗시리아인처럼 보이는 디도가 있었다. 불행히도 나는 어머니의 유대적 특성은 전혀 물려받지 못하고 아버지만 닮아서 세군도와 아리스다고와 비슷했다. 나는 하나님을 경외하는 사람들이 앉아 있는 곳으로 가면서 다섯 친구에게 말했다.

"나와 같은 자리에 앉게 된 것을 영광으로 알게나. 유대인인 내가 자네들 같은 이방인들과 함께 앉기로 했으니 말일세."

"자네가 그렇게 뽐내는 것은 단지 우리보다 살가죽이 조금 더 적기 때문이지." 디도가 속삭였다.

이렇듯 가벼운 마음으로 모임에 참석한 우리 여섯 명은 예식이 진행되는 내내 경건하게 보이려고 애를 써야 했다.

유대인들은 다리가 세 개인 걸상이나 회당 벽에 붙어 있는 긴 의자에 앉았고, 다른 사람들은 바닥에 앉았다. 바울과 아굴라는 앞쪽에 자리를 잡았다. 브리스길라는 줄곧 회당 예식이 지루하다고 불평을 하더니 발코니에 자리를 잡았다.

사람들은 바울이 아굴라와 함께 있는(그리고 바리새인 복장을 하고 있는) 것을 보고 즉석에서 그를 받아들였다. (장로들은 바울이 왔다는 소식에 그의 설교를 듣고 싶어 했다.) 아굴라와 브리스길라는 회당의 많은 사람들에게 존경을 받았다. 그곳에 모인 거의 모든 사람들이 한때 브리스길라와 아굴라의 집에 초대 받은 적이 있었다.

예식이 끝나갈 무렵, 사람들이 바울에게 설교를 요청했다. 우리 여섯은 숨죽이고 기다렸다. 무언가를 배우리라는 것을 알았기 때문이다.

바울은 메시아에 관한 고대 히브리 예언으로 말문을 열었다. 그러나 놀랍게도 그는 천지 창조 이전까지 거슬러 올라갔다. 그는 우리가 전에 들어본 적이 없는 것들에 대해 말하고 있었다. 우리는 마치 바울의 설교를 처음 듣는 사람들처럼 그의 한마디 한마디에 온 신경을 집중했다. 바울은 천지 창조에서 설교를 마치고 자리에 앉았다. 그 즉시 그는 다음 안식일에도 설교를 해달라는 요청을 받았다. 우리 여섯 명은 존경심과 뿌듯한 마음을 안고 회당을 나왔다. 바울에게서 전에 들어보지 못한 설교를 들었기 때문이다.

"선생님의 사고는 대체 얼마나 깊은 걸까?" 디도가 중얼거렸다.

바울은 늘 해오던 대로 유대인에게 먼저 나아갔다. 그는 평생 그렇게 해왔는데, 언젠가 유대인들에게 거부당하는 날이 오리라는 것을 알고 있었기 때문이다. 유대인들에게 거부당했을 때 비로소 그는 자유롭게 이방인에게 나아갈 수 있었다.

몇 달 뒤, 회당의 장로들 중 한 사람이 바울의 가르침에 대해 경고하는 편지를 받았다.

편지에는 서명이 되어 있지 않았다. 그럼에도 회당의 장로들은 곧바로 모임을 가졌다. 다음날 그들은 아굴라의 집을 찾아왔다. 브리스길라가 그들을 맞았다. 그들은 아굴라와 바울을 불러달라고 요청했다. 브리스길라는 요청을 받아들였지만 자신도 옆에 있겠다고 말했다. 회당 장로들이 눈을 치뜨자 브리스길라는 "여기는 내 집이고, 나는 로마인이에요." 하고 말했다.

바울은 거기 앉아서 그들이 말하기를 기다렸다.

회당 장로들은 고작 몇 마디 했을 뿐이다.

"바울 선생, 우리 에베소 회당의 장로들은 그대에게 다시는 회당에 나타나지 말 것을 요청하오."

그것으로 끝이었다. 그들은 일어나서 밖으로 나갔다.

"이제 어떻게 하실 생각인가요, 바울 선생님?" 아굴라가 물었다.

브리스길라가 말했다. "내가 어떻게 할지 말씀드리죠. 나는 다시는 그 지루한 회당에 가지 않아도 되는 것을 기뻐할 거예요."

바울의 대답은 우리를 놀라게 했다.

"아굴라 형제님, 그건 내가 앞으로 하려는 게 아니라 이미 한 일입니다."

바울이 보다 자세히 설명했다. "브리스길라 자매님, 우리 열아홉 명이 계속해서 여기서 모임을 가져도 될까요? 어쩌면 자주 모일 수도 있습니다."

"자주요?" 브리스길라가 말했다.

"매일 해뜨기 전과 해진 후에 말이죠? 날마다요?" 브리스길라는 바울을 주의 깊게 바라보았다.

"바울 선생님, 뭔가 감추고 계시는 게 있지요? 게다가 은근히 이런 상황을 즐기기까지 하시고요. 대체 뭘 감추고 계신 거죠?"

바울은 기다렸다는 듯이 대답했다.

"고린도에서의 일을 기억하시나요?" 그는 즐거운 듯했다. "회당 바로 옆에 있는 집을 빌렸던 것 말이에요."

브리스길라는 고개를 끄덕이더니 웃기 시작했다.

"설마! 여기 에베소에서! 혹시 회당 옆집을 빌리셨나요? 그럴 리가…"

그녀는 손뼉을 치며 즐거워했다. "그러셨어요? 아니, 그럴 예정이로군요! 여기서도 같은 일을 하시려는 거예요!"

"아니오. 나는 같은 일을 하려는 게 아니라 이미 했습니다."

브리스길라가 새된 소리를 질렀다.

"두란노 형제님은 새벽부터 시장이 문을 닫는 정오까지 서원에서 가르칩니다. 나는 시장 사람들이 모두들 휴식을 취하러 집에 가 있는 시간에 서원 건물을 사용할 겁니다. 두란노 형제님은 오후에는 서원을 비울 테니까요.

나는 매일 오후에 서원에 있을 겁니다. 공교롭게도 서원이 회당 바로 옆에 있는 것을 난들 어쩌겠습니까?"

아굴라가 말했다. "바울 선생님, 혹시 사람들이 선생님한테 치밀하다고 하지 않던가요?" 브리스길라는 발을 구르며 즐거워했다.

"이건 내 바람인데요, 아굴라 형제님, 형제님과 내가 새벽에 일어나 점심 때까지 시장에서 일하는 건 어떨까요? (나는 이따금씩 일손을 놓고 시장에서 설교를 할 생각입니다.) 정오에는 가게 문을 닫고 두란노 서원으로 가서 여기 있는 이 여섯 젊은이와 서너 시간을 함께 보내려고요. 듣고 싶은 사람은 누구나 와서 들을 수 있도록 서원 문을 열어놓을 겁니다. 물론 이 여섯 명과 개인적인 시간을 가질 때에는 문을 닫고요."

"좋지요! 하지만 바울 선생님, 선생님은 일을 하지 않으셔도 됩니다."

"아니, 나는 일을 해야 합니다. 이 여섯 젊은이에게 필요한 것들을 마련하려면 말이지요. 이제 내게 필요한 것뿐만 아니라 이들에게 필요한 것까지 장만해야 하니까요."

"그럼 언제 쉬시고요?" 브리스길라가 물었다.

"이방의 휴일이 돌아올 때마다 쉬면 되지요. 이방의 휴일은 꽤 많습니다."

"아니오, 선생님은 쉬지 않으실 거예요." 브리스길라가 말했다. "이방의 휴일에도 선생님은 늘 모임에 가셨으니까요."

"맞아요, 정말 그러셨어요." 아굴라가 말했다.

바울은 자신을 돌보라는 말을 들을 때면 늘 그렇듯 건성으로 듣고 있었다.

"어쩌면 이번이 젊은이들을 훈련시킬 수 있는 마지막 기회인지도 모릅니다. 이스라엘에서 들려오는 소식은 암울하기만 하고, 다들 아시는 것처럼 블라스티니우스는 도처에서 회당을 폐쇄하고 있습니다. 나는 더 이상 젊지 않아요. 사실 늙었다고 할 수 있지요. 내겐 시간이 많지 않습니다. 지금이 일을 해야 할 때지요. 이제까지는 사람들을 훈련시킬 생각이 없었지만 이제 때가 되었습니다. 단 한순간도 허투루 보낼 수 없어요."

(나, 디모데는 그때로부터 여러 해가 지난 지금에야 이 글을 쓰고 있다. 그때는 청년이었지만 지금은 노인이 다 되었다. 나는 그날 바울이 한 말에 동의하지 않을 수 없다. 교회를 개척한 경험이 있는 사람들만, 그리고 연륜이 있는 사람들만 젊은이들을 교회 개척자로 훈련시킬 수 있다. 이유는 간단하다. 그 일을 할 자격이 생기기까지는 평생이 걸리기 때문이다.)

그날 바울은 회당 출입을 금지당했지만, 회당의 많은 사람들이 이미 주께로 돌이킨 후였다. 우리 열아홉 명보다 더 많은 사람들이 브리스길라의 집에서 모일 예정이었다.

그날 저녁, 바울은 우리 여섯 명에게 두란노 서원과 관련된 계획을 알려주었다. 날마다 바울과 함께 네 시간을 보내게 되다니… 우리는 환성을 질렀다.

우리는 두란노 서원에 있지 않을 때에는 바울이 내준 과제를 하거나 기도를 하며 시간을 보냈다. 바울은 우리를 에베소에서 가장 바쁜 사람들로 만들어주겠노라고 했고, 그 약속을 지켰다. 그는 우리에게 큰 기대를 걸고 있었다. 그리고 우리는 그와 함께한 거의 매 순간을 사랑했다.

"내가 시장에서 설교할 때마다 미리 알려주겠네. 자네들도 그 자리에 있었으면 하니까 말이야. 그리고 어느 날 자네들 한 명 한 명이 그곳에서 설교를 하도록 할 걸세. 사전 예고 없이. 그러니까 모두들 즉석에서 그리스도를 전할 준비가 되어 있어야 하네.

　자네들은 다른 무엇보다도 예수 그리스도의 임재를 추구해야 해. 이것이 가장 우선적으로 해야 할 일이지." 바울은 눈을 반짝거리며 단호하게 말했다. "자네들에게 두란노 서원은 바나바와 스데반, 실라, 빌립, 아가보 등에게 있어서의 솔로몬 행각과 같은 곳이 될 걸세. 그곳에는 다른 사람들도 오리라는 것을 기억하게. 대부분은 에클레시아의 형제자매들일 테지만 다른 도시에서 오는 사람들도 있을 거야. 호기심 때문에 오는 사람들도 있을 테고. 때때로 나는 그들에게 이야기할 텐데, 그럴 때는 주의 깊게 듣게나."

　바울은 심호흡을 한 뒤 이렇게 덧붙였다.

　"서원 안에서만 시간을 보내리라고는 생각하지 말게. 나는 자네들을 주변의 도시들로 보낼 계획이니까. 예수님이 제자들을 보내신 것처럼 나도 자네들을 보낼 생각이네. 예수님의 제자들이 인근 마을을 다니면서 말씀을 전한 시간은 보름이 채 안 되지만 자네들은 여러 주를 다니게 될 걸세. 어쩌면 몇 달이 될 수도 있고."

　"주님도 제자들을 며칠간만 보내셨는데 선생님은 왜 그렇게 오래 보내려 하시나요?" 소바더가 물었다.

　바울이 대답했다.

　"자네들은 성령을 받았으니까! 주님의 제자들은 그 당시에는 성령을 받지 못했네. 그들은 주님이 부활하신 날 성령을 받았지. 부활하신 주님이 그들에게 성령을 불어넣어 주셨을 때 말일세. 하지만 지금 자네들 안에는 예수님이 거하신다네.

게다가 자네들은 수년간 에클레시아에서 생활하지 않았나? 이 두 가지 면에서 자네들은 예수님께 훈련 받을 당시의 열두 제자보다 앞서 있네. 자네들은 주님을 친밀하게 알고 내주하시는 성령님을 경험할 준비가 주님의 열두 제자보다 훨씬 더 잘 돼 있네. 예수님 당시의 열두 제자에게는 성령님이 내주하지 않으셨지. 교회도 없었고."

사방이 조용해졌다. 나, 디모데는 그날 이후로 주님의 열두 제자가 예전처럼 많이 부럽지 않았다고 말할 수 있다. 어떤 면에서 우리가 받은 훈련은 주님의 열두 제자가 받은 훈련을 능가했다. 우리 뒤에는 갈보리가 있었고, 부활이 있었으며, 오순절 성령강림 사건이 있었다. 주님이 이 위대한 사건들을 통해 이루신 모든 것이 이제 우리 안에서 운동하고 역사하고 있었다! 그리고 감사하게도 우리 여섯 명 모두 예수 그리스도의 교회 안에서 생활해왔다.

이제 두란노 서원에서의 첫 번째 모임에 대해 이야기하고자 한다. 우리 모두는 그날 바울이 한 말을 잘 기억하고 있다.

에베소의 셀수스 도서관

15
두란노 서원에서의 첫 모임

"주 예수 그리스도가 나를 보내신 것은 나로 하여금 본이 되게 하려 하심일세."

바울이 말했다.

"교회에 본이 되고 또 교회 개척자들과 자네들 같은 미래의 사역자들에게 본이 되게 하려고. 그리고 이것 역시 중요한데, 새로운 사역자들을 훈련시키는 일에 있어서도 본이 되게 하려고. 내가 하는 모든 말과 행동을 잘 봐두게. 중요한 것이든 사소한 것이든, 영적인 것이든 실제적인 것이든 상관없이 말일세. 명령이든 논평이든 내가 하는 모든 것을 잘 지켜보게. 내가 살아가는 모습을 잘 봐두게.

우리가 에베소에서 하는 일은 예수님과 제자들이 3년간 갈릴리에서 한 일을 제외하고는 역사상 선례가 없는 일일세. 자네들은 그리스인들이 하는 식으로 훈련 받지는 않을 걸세. 나는 아리스토텔레스가 아니고 여기는 교실이 아니니까!

내가 얼마나 자주 누군가를 나무라는지 지켜보는 게 중요하네. 잘 지켜보고 몇 번이나 그리하는지 그 횟수를 세어두게. 내가 얼마나 자주 명령하는지 보고 그 횟수를 세어두게. 내가 개인이나 교회를 비난하는 말을 얼마나 자주 하는지 보고 그 횟수를 세어두게. 내가 얼마나 자주 형제들의 잘못을 지적하는지 보고 그 횟수를 세어두게. 그것을 기록해두게! 그리고 자네들은 이런 일들을 나보다 적게 해야 한다는 것을 평생 기억하게. 내가 형제자매들에게 뭔가 부정적인 말이나 행동을 한 횟수를 기록해두고 이런 일을 나보다 더 적게 하려고 노력하다 보면 자네들은 살아생전에 다른 사람의 잘못을 지적하는 일이 거의 없을 걸세."

바울의 눈동자가 반짝거렸다.

"그러나 내가 이런 행동을 자네들에게 얼마나 자주 하는지는 헤아리지 말게나. 자네들에게는 보다 엄격한 기준을 적용하기로, 그리하여 죽을 만큼 힘들게 하기로 작정했으니 말일세!"

우리는 신경질적인 웃음을 터뜨렸다.

"내가 하는 것을 잘 봐두게. 어떤 경우에든 비판하거나 나무라지 않고도 문제를 해결할 방법은 있네. 부정적인 말이나 행동을 하지 않고도 문제를 해결할 방법은 있어. 하나님이 자네들에게 은혜를 베푸셔서, 자네들이 내 삶을 통해 이런 것들을 알 수 있기를 바라네.

'십자가를 진다.'는 말을 정의하기란 매우 어려워. 차라리 보고 배우는 게 나을 거야. 내가 얼마나 자주 불평을 하는지도 보아두게. 얼마나 자주 하나님과 하나님의 백성들에게 화를 내는지 보고, 얼마나 자주 주님께 그분이 하시는 일을 설명해달라고 하는지 보게. 누군가가 병 고침을 받을 경우 내가 어떻게 그 병을 고쳤는지보다 내가 얼마나 많은 사람들의 이목을 끌려고 하는지 보게. 기사나 이적이 일어난 경우에도 마찬가지일세."

바울의 가르침은 이렇게 시작되었다. 바로 그때 훈련을 중단했어도 우리는 완전히 다른 사람이 되어 있었을 것이다.

바울은 화를 내다시피하며 이렇게 덧붙였다.

"누군가를 정죄하는 일은 없어야 해. 그건 변명의 여지가 없는 일이야. 자네들에게는 누군가를 나무랄 이유도 없고 누군가에게 화를 낼 이유도 없네. 이런 것들은 가벼이 사용할 수단이 아닐세. 오랫동안 고통을 겪은 후가 아니라면 그런 부정적인 방법을 사용하지 말게. 모든 것을 다 잃기 전에는 훈계나 질책, 징계 등과 같은 낡고 쓸모없는 방법에 의존하지 말게. 비난이나 꾸지람 같은 부정적인 방법은 신자들을 파괴할 뿐, 결코 그들의 성장을 돕지 못하네. 이루 말할 수 없이 끔찍한 상황이 아닌 한 예수 그리스도의 교회나 신자들을 꾸짖지 말게. 교회는 그리스도의 신부임을 명심하게.

교회를 신부로 대우하게.

자네들은 훈련 받고 싶어 했으나 교회의 선택을 받지 못한 사람들에 대한 이야기를 기억할 걸세. 그 중 한두 명은 쓰라린 마음을 안고 교회를 떠났네. 그런 사람들처럼 되어서는 안 되지 않겠는가?"

그런 다음, 바울은 마치 우리를 충분히 두렵게 하지 못하기라도 한 것처럼 이렇게 덧붙였다.

"할 말이 아직 남았네. 자만하지 말게. 바리새인처럼 보이지도 말고 사두개인처럼 보이지도 말게. 서기관이나 제사장처럼 보이지도 말게. 늘 스스로 생계를 책임지게. 의복도 스스로 생계를 책임지는 사람처럼 입게. 사람들이 흔히들 입고 다니는 옷을 입게. 경건한 체하지 말고 영적인 체하지 말게. 자네들은 한 명의 형제에 지나지 않으며, 앞으로도 쭉 그래야 하네!"

뼈아픈 충고였다. 누군가가 흐느끼기 시작했다. (아마도 가이오였던 것 같다.) 우리는 바울 주변에 둘러서서 눈물로 기도했다. 우리는 불과 몇 분밖에 같이 있지 않았지만 그때 향후 3년간의 방침이 정해졌다. 우리는 고개를 숙인 채 바울이 우리에게 당부한 것을 지킬 수 있게 해달라고 주께 간구했다. 돌이켜보면 우리는 그날 주께 한 약속을 충실히 지켜온 듯하다. 타락한 인간이 할 수 있는 한에서는 말이다.

바울의 예상대로 다른 도시에 사는 많은 사람들이 바울의 가르침을 들으러 왔다. 호기심에서 온 사람들도 있었고, 소수지만 바울과 논쟁을 벌이고자 한 사람도 있었다. 그 후 3년간 에베소에서 일어난 모든 일은 소아시아 전역의 마을들에 심오한 영향을 미쳤다. 바울은 우리를 그 마을들로 보냈다. 그리고 우리는 예수님의 열두 제자가 그랬던 것처럼 우리를 보낸 사람에게 돌아와 그의 발치에서 배웠다.

그 후에 일어난 한 가지 사건은 우리 여섯 명의 인생 경로를 바꿔놓았다. 그것은 친형제 간인 두 젊은이의 회심에 관한 이야기이다. 그리고… 그 사건은 어느 날 저녁, 브리스길라의 집에서 일어났다.

16
에베소에서 두 젊은이의 회심

그것은 브리스길라의 집에서 열린, 영광으로 가득 찬 모임 중 하나였다. 어쩌면 우리가 참석했던 모임들 중 가장 영광이 충만한 모임이었을 것이다. 모든 것이 영광 그 자체였다. 그날 모임을 참관하러 온 젊은이 두 명이 있었다. 그들은 방 뒤쪽에 조용히 앉아 있었다. 둘 다 그리스인이었다. 처음에 그들은 낯선 분위기에 정신이 팔린 듯했지만… 그러나 오, 모임은 누구의 마음이라도 사로잡을 만큼 감동적이었다. 주님이 임재하셨던 것이다.

우리는 스무 곡이나 서른 곡, 혹은 그보다 더 많은 노래를 불렀다. 그 사이사이에 형제자매들의 간증과 기도가 있었다. 간증을 한 사람들 중에는 새신자도 몇 명 있었다. 그들은 살아계신 그리스도를 만난 이야기를 했다. 많은 노예들이 신자가 된 다른 노예들과 함께 일하는 즐거움을 이야기하고 또 자신들이 얼마나 자유로운지를 이야기했다. 한 노예는 가슴을 가리키며 "나는 여기가 자유롭습니다." 하고 말했다. 방 안에 있던 모든 사람이 그곳에 임재하신 주님의 성령의 영광을 흡수하였다.

나는 곁눈으로 두 젊은이를 훔쳐보았다. 한 명이 일어섰다.

"질문을 해도 될까요?"

많은 사람들이 미소로 그를 격려했다.

"나는 여기 모인 사람들 몇 명을 압니다. 그들은 내 친구들이지요. 여러분 중 많은 사람들이 나를 위해 죽으시고 죽은 자들 가운데서 다시 살아나신 분에 대해 말해주었습니다. 여러분은 그분이 여러분 안에 살아계신다고 말합니다. 나는 그분을 볼 수 없지만 느낄 수는 있습니다.

지금 나는 보이지 않는 누군가가 나를 부르는 것을 느낍니다. 내가 아는 것이라곤 이곳을 떠나고 싶지 않다는 것, 오늘 밤에도, 내일도, 그리고 앞으로도 쭉 떠나고 싶지 않다는 것입니다. 나는 이곳을 떠나지 않고 영원히 이곳에 머물고 싶습니다."

젊은이는 눈물을 흘리기 시작했다. 그렇게 해서 우리는 드로비모를 알게 되었다. 드로비모는 감정을 추스른 후 고개를 들고 물었다.

"내가 알아야 할 교리나 해야 할 무언가가 있습니까? 내가 알아야 할 무언가가 있나요?"

몇몇 사람들이 알겠다는 듯이 미소를 지었다. 모임에 처음 나오면 종종 드로비모와 같은 의문을 품곤 한다. 방 저편에서 한 형제가 일어섰다.

"나는 몇 주 전에 처음으로 모임에 나왔는데, 그때는 나도 같은 의문을 가지고 있었습니다. 하지만 지금은 그 질문에 답할 수 있습니다. 맞습니다, 알아야 할 교리가 있습니다. 해야 할 무언가가 있고, 알아야 할 무언가가 있습니다. 하지만 사실 그것은 '무언가'가 아니라 '누군가'라고 해야 할 것입니다. 우리가 알아야 할 교리는 예수 그리스도입니다. 알아야 할 누군가는 예수 그리스도입니다. 그리고 우리가 해야 할 일은 온 마음을 다해 예수 그리스도를 믿는 것입니다."

"어떻게 해야 그분을 알 수 있을까요?"

나, 디모데는 방 안에 있는 누군가가 그 질문에 대답하려 했다고 확신한다. 하지만 그때 한 자매가 노래하기 시작했다. 멜로디와 노랫말이 완벽했다. 그것은 아름다운 멜로디의 단순한 노래로, 예수 그리스도에 관한 내용을 담고 있었다.

드로비모는 또다시 눈물을 흘리기 시작했다. 그의 형제인 두기고가 일어나서 드로비모를 안아주었다. 노래가 다시 시작되었다. 방 안은 온통 눈물바다였다. 또다시 노래가 시작되었고, 이번에는 드로비모와 두기고도 함께 불렀다. 노래는 또다시 시작되었다. 드로비모와 두기고는 노랫말로 주님께 마음을 표현하였다.

우리는 마지막으로 한 번 더 노래했다. 집 안이 온통 기뻐 우는 소리로 가득했다. 모두들 드로비모와 두기고를 에워싸고 그들을 어루만지며 격려의 말을 해주었다. 누군가 말을 할 때마다 모두들 다시금 눈물을 흘리기 시작했다. 그때 또다시 노래가 시작되었다. 영광으로 가득 찬 순간이었다. 몇 분 뒤, 브리스길라의 조용한 음성이 들려왔다.

"형제 여러분, 이 두 사람을 강으로 데려가 세례를 줍시다."

두 그리스 젊은이는 그 말이 무슨 뜻인지도 모르면서 서로를 꼭 끌어안았다. 잠시 후 모두들 거리로 쏟아져 나왔다. 우리는 에베소의 좁은 거리를 따라 내려가 성문 밖으로 나가서 카이스터 강에 이르렀다.

"여기 자주 오게 되는 것 같지 않나?" 가이오가 속삭였다.

바울이 강둑에 앉았다. 그의 얼굴이 부드럽게 빛났다. 디도와 내가 그의 곁에 앉았다.

"앞으로 이 두 젊은이를 자주 보게 될 것 같군." 바울이 말했다.

에클레시아의 형제 셋(모두 노예들이었다.)이 강물 속으로 들어갔고, 두 그리스 젊은이가 그 뒤를 따랐다. 그곳에서 두기고와 드로비모는 사망의 물에 잠겼다가 그리스도의 부활과 자기 안에서 고동치는 새 생명의 산 증인이 되어 물에서 나왔다. 모두 웃고 즐기는 가운데 신자들의 절반 가량이 물에 들어갔다. 우리는 새로운 두 형제를 격려하고 권면하며 그들에게 그리스도를 증거하고 노래를 불러주면서 적어도 한 시간은 더 거기 있었다.

며칠이 지나자, 바울의 말이 옳았음이 판명되었다. 우리는 모임에서도 그렇고 서원에서도 그렇고 매일같이 그 두 젊은이를 보게 되었다. 그때 이후로, 나는 로마 제국 전역의 도시들에서 두 사람을 보았다. 예루살렘에서도 보았고, 로마에서도 보았다. (나중에 바울은 예루살렘에서 그들 중 한 사람 때문에 목숨을 잃을 뻔하지만, 그것은 또 다른 이야기다.)

여러분이 이 이야기가 영광으로 가득 차 있다고 생각한다면 골로새에서 온 한 젊은이에 대한 이야기를 들려드리고자 한다. 우리가 처음 만났을 때 그는 나와 같은 나이였다. 주 예수 그리스도 안에서 영적 거인으로 성장한 그는 아마 우리 중에서 가장 훌륭한 주님의 일꾼일 것이다.

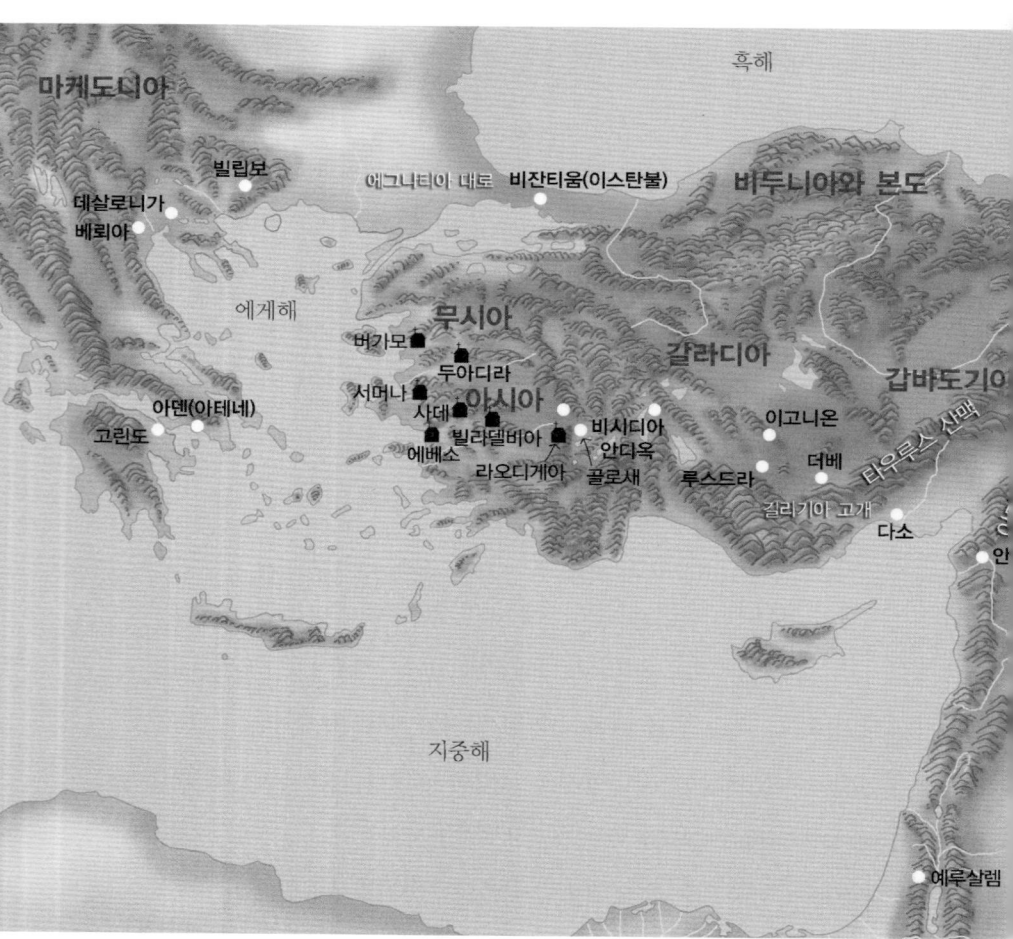

소아시아 일곱 교회

17
에베소에서 빌레몬과 에바브라를 만나다

내가 소개하고자 하는 사람은 에베소에서 약 144킬로미터쯤 떨어진 곳에 위치한 골로새라는 작은 마을 출신이다. 그러나 그를 소개하기에 앞서 또 다른 골로새 사람에 대한 이야기를 먼저 해야 할 것 같다.

두란노 서원에 한 나이 지긋한 남자가 찾아온 것은 점심 때가 다 되어서였다.

"나는 빌레몬이라고 합니다. 골로새에서 왔지요. 시장에서 선생님의 설교를 들었습니다."

바울이 고개를 끄덕였다. "들어오시지요."

"나는 믿고 싶습니다."

"좀 더 자세히 말씀해주시겠습니까?"

"나는 메시아가 오신 것을 믿습니다. 그리고 그분이 유대인뿐만 아니라 나를 포함한 모든 이방인을 위해 오셨다고 믿습니다. 그분은 예수 그리스도로, 나를 위해 죽으셨습니다. 나는 그분이 내 죄를 깨끗게 하실 수 있다는 것을 믿고… 그리고… 내 안에 사신다는 것을 믿습니다."

그토록 단순하면서도 아름다운 말에 바울은 뭐라 대답해야 할지 몰랐을 수도 있다. 그러나 그는 매우 적절한 말을 했다. "빌레몬 형제님, 당신은 이미 믿고 있는 것 같군요."

빌레몬은 몸을 떨기 시작하더니 눈물을 흘렸다. 우리 여섯 명은 일어나서 그에게로 다가갔다. 바울은 그날의 일정을 모두 미루고 빌레몬의 이야기를 들었다. 에베소에 어둠이 내려앉은 후에야 우리는 서원을 나섰다.

빌레몬에 대해서는 좀 더 자세히 설명할 필요가 있을 듯하다. (몇 년 뒤에 바울이 빌레몬에게 쓴 편지는 필사되어 로마 제국 전역에 회람되었다.) 빌레몬은 세 도시가 삼각형을 이루는 지역 출신으로, 다른 두 도시는 히에라볼리와 라오디게아이다. 세 도시 모두 서로 16킬로미터쯤 떨어져 있었다.

빌레몬은 양모 산지로 유명한 골로새의 양모 상인이었다. 그는 사업상 에베소를 자주 찾았는데, 이번에 에베소를 방문한 것은 노예 시장에서 노예를 사기 위한 목적도 있었다. 빌레몬은 시장에 갔다가 바울의 설교를 들었다. 그는 그리스도를 믿게 되었고, 고향으로 돌아가기에 앞서 에베소에서 되도록 많은 시간을 보내기로 했다. 그렇게 결정이 나자, 그는 교회 모임뿐만 아니라 우리의 모든 모임에 참석했다. 그는 무엇 하나 놓치지 않았다. 그리고 남는 시간에는 시장에서 바울의 발치에 앉아 그의 이야기를 들었다.

마침내 빌레몬이 골로새로 돌아가야 하는 날이 다가왔다. 그는 집으로 돌아가기 전에 열여섯 살 난 노예를 사들였다. 노예를 사던 날 그는 "대부분의 노예는 스물다섯 살쯤 되면 죽기 때문에 나는 이익을 남길 거래를 하고 싶었습니다."라고 말했는데, 여기서 그 노예의 이름인 '오네시모'가 나왔다. '오네시모'는 그리스어로 '이익'이라는 뜻이다.

오네시모는 전쟁이 빈발하는 지역인 로마 제국 북쪽 변경에서 붙잡혀온 게르만족 야만인 가족의 아들이었다. 그의 하얀 피부를 보면 그가 확실히 게르만족임을 알 수 있었다. 눈은 짙푸른 색이어서, 로마 제국의 경계 안에 있는 그 어떤 사람과도 달랐다.

에베소에서의 마지막 날, 빌레몬은 오네시모를 모임에 데려왔다. 오네시모는 한마디도 알아듣지 못한 채 가만히 앉아 있었다. 그는 그 무엇에도 흥미를 느끼지 못하는 겁에 질린 소년일 뿐이었다. 그는 야만인처럼 보였고 또 사실이 그러했다.

바울이 그 자신도 노예인 한 형제에게 오네시모의 영혼이 어떤 상태인지 묻자, 그는 자기 가슴을 가리키며 이렇게 말했다. "오네시모는 아직 여기가 자유롭지 않은 것 같습니다."

빌레몬은 에베소를 떠나며 바울에게 말했다.

"선생님께 영원히 갚지 못할 빚을 졌습니다. 생명을 빚졌어요. 부디 골로새에 오셔서 우리에게 복음을 전해주시기 바랍니다. 선생님을 위해 늘 방 하나를 비워두겠습니다. 오셔서 골로새에도 에베소에서와 같은 모임이, 에클레시아가 생겨날 수 있도록 도와주세요. 교회 없는 예수 그리스도를 영접한 기쁨을 온전히 알 수 없을 테니까요."

"그러지요." 바울이 대답했다.

"내가 가든지 아니면 다른 사람을 보내든지 하겠습니다. 그 사이에 형제님이 여기서 있었던 일들을 주변 사람들에게 이야기해주세요."

빌레몬은 골로새로 돌아가 많은 사람들에게 자신이 경험한 것을 전해주었다. 그렇지만 그 사람들 중 한 명이 보인 것 같은 반응은 우리로서는 상상도 하지 못한 것이었다.

빌레몬이 에베소를 떠나고 나서 몇 달 뒤, 한 거구의 젊은이가 시장에 와서 바울을 찾았다. 그는 바울 앞에 서서 꼼짝도 하지 않고 설교를 들었다. 다음날 이 낯선 젊은이는 또다시 시장에 와서 바울 앞에 서서 미동도 않고 설교를 들었다. 그 다음날, 우리가 두란노 서원에 막 들어왔을 때 이 젊은이가 걸어 들어왔다.

나는 그 순간을 잊을 수 없다. 그가 문을 통과할 때 문간이 가득 찼다. 그는 내 바로 뒤에서 멈춰선 후 바울의 눈을 똑바로 보고 말했다.

"세례를 받으러 왔습니다."

이런 일은 처음이었다. 생면부지의 사람이 와서 곧장 핵심으로 들어가는 이런 일은….

바울은 젊은이 못지않게 형형한 눈빛으로 그를 보며 물었다.

"어떤 근거로 세례를 받으려 하나요?"

젊은이는 주저 없이 대답했다. "우리 집은 골로새에 있습니다. 빌레몬이라는 사람이 예수 그리스도에 대해 말해주어서 저는 그분을 영접하였습니다. 그러고는 에베소까지 걸어와서 시장에서 선생님의 설교를 들었습니다. 지난 이틀간은 노숙을 하며 주님께 이런저런 말씀을 드렸지요. 저는 이제껏 기다려왔지만 더는 기다릴 수 없을 것 같습니다. 내 안에 예수 그리스도가 살아계시고, 때로는 그분이 내 갈비뼈를 부러뜨리려 하시는 게 아닐까 하는 생각이 들기 때문입니다."

나, 디모데는 웃어야 할지 울어야 할지 껑충껑충 뛰어야 할지 알 수가 없었다. 그러나 이것만큼은 말할 수 있다. 그날 나는 영적 거인을 만났다고, 다른 누구와도 견줄 수 없는 에바브라를 만났다고 말이다.

그는 이렇게 덧붙였다.

"저는 그리스도 안에 있고, 그리스도는 제 안에 있습니다. 제가 그리스도인임을 모두가 알 수 있도록 제게 세례를 주셨으면 합니다."

바울이 젊은이에게 다가가 물었다. "이름이 뭔가요?"

"에바브라라고 합니다. 빌레몬 형제님의 친구지요. 제게 세례를 주시면 되도록 오래 에베소에 머물면서 모임에 나오겠습니다. 빌레몬 형제님의 말로는 형제자매들이 아굴라라는 사람의 집에 모인다고 하던데요?"

에바브라는 바울을 뚫어지게 바라보며 이렇게 덧붙였다.

"제게 모임에 참석하는 특권을 거부하실 수는 없습니다. 세례 주는 것을 거부하실 수도 없습니다. 저는 그리스도를 찾았으니까요."

나는 바울이 평소에 하지 않는 무언가를 하는 것을 보았다. 그는 웃는 동시에 울기 시작했다. 그는 아무 말도 할 수 없었다.

바울을 대신하여 아리스다고가 말했다. "에바브라 형제, 본인 입으로 주 예수 그리스도가 형제를 구원하셨다고 고백했으니 내가 형제를 가까운 물가로 데려가 형제가 사망에서 예수 그리스도의 부활과 영원한 생명으로 옮겨가는 것을 지켜보겠네."

소바더가 일어섰다. "나도 돕겠네."

우리는 그날 두란노 서원으로 돌아가지 않았다. 우리는 다 함께 강으로 행진해갔다. 에바브라는 아무것도 묻지 않았다. 그는 두 손을 높이 들고 얼굴을 하늘로 향한 채 이렇게 말했다.

"주여, 저를 당신과 함께 죽게 하소서. 그리고 자비를 베푸사 당신과 함께 부활하게 하소서!"

그 순간, 나는 장차 예수 그리스도에 대한 헌신의 경계를 확장해갈 한 사람의 얼굴을 보고 있었다. 나도, 바울도, 그리고 다른 누구도 에바브라라고 하는 이 젊은이만한 사람은 본 적이 없었다.

아리스다고와 소바더가 환성을 지르며 에바브라를 카이스터 강 속으로 밀어 넣었다. 에바브라는 물속에서 상반신을 내밀고 우리가 전에 들어본 적이 없는 부르짖음과 찬양과 권면의 말을 늘어놓았다. 그는 그렇게 강 한가운데 서서 우리 모두에게 예수 그리스도를 설교했다. 우리는 웃다가 울다가 큰 소리로 그의 권면의 말을 합창했다. 어찌나 웃었던지 배가 다 아팠다. 그러는 내내 에바브라는 우리의 존재를 잊고 계속해서 부르짖었다. 그는 허리까지 물에 잠긴 채 거기 서서 그리스도의 영광을 선포했다.

나는 바울에게 시선을 돌렸다. "빌레몬 형제님이 잘 가르친 것 같아요."

"어쩌면 빌레몬 형제를 에베소로 초청하여 에바브라의 발치에서 배우게 해야 할지도 모르겠는걸." 바울이 말했다.

다음날 아침, 에바브라는 시장에서 일자리를 얻었다. 그는 1년간 우리와 함께 생활할 작정이었다. 내가 알기로 일 때문에 어찌할 수 없는 상황이 아닌 한 에바브라는 에클레시아 모임이나 두란노 서원 모임에 빠진 적이 없었다. 그는 그 무엇에 대해서도 부정적인 말을 하지 않았고 불평을 하지도 않았다. 두란노 서원 모임에서 에바브라는 그리스도와 보이지 않는 영적인 것들을 지각할 수 있게 된 것 같았는데, 이는 우리 여섯 명에게는 없는 능력이었다.

에바브라가 골로새의 집으로 돌아간 날에는 그의 빈자리가 너무도 크게 느껴졌다. 마치 우리 여섯 명 중 하나가 떠난 것 같았다. 그로부터 여러 해가 지난 지금, 나는 수년간 에바브라와 함께했던 것은 내게 커다란 특권이었다고 자랑스럽게 말할 수 있다. 그는 내가 아는 그 누구보다 바울에 근접한 사람이었다.

빌레몬이 그랬던 것처럼, 에베소 인근의 마을과 도시에서 많은 사람들이 에베소를 찾았다. 그들은 나중에 고향으로 돌아가 가족과 친지에게 에베소의 에클레시아에 대해 전했다.

바울조차도 입에서 입으로 전해지는 예수 그리스도에 대한 간증의 결과를 예상하지 못했다.

주님은 소아시아 전역의 도시들에 에클레시아가 들어설 길을 예비하고 계셨다. 에베소를 떠나기 전에 보니, 소아시아에서 우리 중 한 사람이 방문하지 않은 도시는 거의 없었다. 소아시아에 신자들의 모임이 생긴 것은 대개 에베소를 방문한 사람들이 고향으로 돌아가 그리스도를 전한 덕이었다. 소아시아의 모든 마을에는 그리스도에 속한 가정이 한

두 곳은 있었고, 그들은 우리를 초청하여 그리스도를 선포하게 했다.

그 3년간 에베소에서 너무나 많은 일들이 일어났기에 그 결과가 지금까지도 제국 전역에 영향을 미치고 있다. 그로부터 채 1년이 안 된 어느 날, 나는 에베소에서 그리스도를 찾고 훗날 새로운 지역에 복음을 전하게 되는 누군가를 만났다.

이제 나, 디모데는 두기고와 드로비모에게 일어난 일에 대해 이야기하고자 한다.

18
두기고와 드로비모와 에바브라를 받아들이다

어느 날 아침, 바울이 우리 여섯 명을 따로 불렀다.

"두기고와 드로비모는 이곳에서 거의 처음부터 우리와 함께했네. 두 사람 다 하나님의 부르심을 받았다고 말하고 있고 말일세. 나는 누군가 그런 말을 하면 대체로 매우 회의적인 생각이 들지만, 이 두 사람의 고백을 의심할 이유는 찾지 못했네. 두 사람은 의지가 확고하다네. 어쩌면 중도에 포기할 수도 있지만 그렇지 않을 수도 있어. 그건 시간이 지나면 알겠지."

그런 다음, 바울은 우리 한 사람 한 사람의 얼굴을 살피며 말했다.

"사실 자네들도 끝까지 남아 있으리라는 보장은 없네!

앞으로 5년 뒤에 자네들이 어디에 있을 것 같은가? 여섯 명 모두 주님을 섬길 수도 있지만 여섯 명 모두 주님을 섬기지 않을 수도 있네. 주님을 섬기는 일은 모험이야. 말로 표현할 수 없을 만큼 어려운 일이지. 그래서 주님을 섬기고자 하는 사람들 중에는 다른 형제자매들이 그들의 말을 따라줄 것이라고 생각하는 사람이 많네. 하지만 그런 경우는 드물다는 것을 알아두게.

그럼에도 불구하고 내 자네들에게 묻겠네. 드로비모와 두기고도 자네들과 함께 훈련을 받는 것에 대해 어떻게 생각하나? 여기에 대해 자네들은 어떤 결정을 내리겠나?"

처음에 우리는 조금 놀랐다. 바울이 우리의 결정에 맡겼기 때문이다. 가이오가 대답했다. "밖에 나가서 의논해도 될까요?"

"어쩌면 하루 정도 생각해보아야 할지도 모릅니다." 디도가 말했다.

아리스다고가 "에바브라가 함께할 수 있다면 정말 좋을 텐데요." 하고 말하자 모두들 고개를 끄덕였다.

잠시 후, 우리 여섯 명은 거리로 나와 둥그렇게 모여섰다. 그리고 함께 기도하기 시작했다. 한두 가지 질문이 오갔고, 분명한 답이 주어졌다.

소바더가 모두를 대표하여 말했다. "우리 중에 이곳에 있을 권리가 있는 사람은 아무도 없네."

세군도가 덧붙였다. "드로비모와 두기고는 나만큼이나 훈련 받을 자격이 있네."

우리 모두는 "아멘!"으로 화답했다.

"드로비모와 두기고는 우리 못지않게 헌신적이야. 하지만 그들의 소명은?"

누군가의 물음에 아리스다고가 대답했다.

"여기 다섯 개 지역에서 온 여섯 형제가 있네. 우리는 날마다 바울 선생님에게 배우지. 우리 가운데 소아시아 출신도 있으면 좋을 것 같네. 에베소 사람 말일세!"

"형제들, 내일까지 기다릴 필요도 없을 것 같네." 디도가 말했다.

"우리 모두 같은 의견이니까 말일세. 지금 당장 선생님께 가서 그 두 사람과 함께 훈련 받겠다고 말씀드리세."

"여섯 명 대신 여덟 명이 되는 거지." 소바더가 말했다.

우리가 다시 서원으로 들어가려 하는데 바울이 문간에서 우리를 맞았다.

"저희 모두 같은 생각입니다, 선생님. 선생님이 두기고와 드로비모를 초청해서…"

"내가?" 바울이 말했다.

"안 될 말일세. 그건 자네들이 해야 할 일이야. 자네들이 결정했으니 자네들이 초청하게."

"하지만 선생님, 선생님도 허락하시는 거죠?" 가이오가 물었다.

"내가 제안하지 않았나?" 바울이 반문했다.

그리하여 그날부터 우리는 여섯 명이 아니라 여덟 명이 훈련 받게 되었다. 그리고 모두들 에바브라도 함께함으로써 여덟 명이 아홉 명이 되기를 바랐다.

에바브라에 대해 말하자면, 그는 우리 삶에서 사라진 듯했다. 하지만 이따금씩 그에 대한 소문이 들려왔다. 한 가지는 확실했다. 그는 어디를 가든 예수 그리스도를 선포하고 있었다. 우리는 많은 사람들이 그의 메시지에 반응하리라고 확신했다. 분명 언젠가 그를 다시 만날 날이 있을 것이다.

우리가 에베소에 있은 지 채 1년이 안 된 어느 날, 바나바에게서 뜻밖의 편지가 날아들었다. 그리고 그와 동시에 우리의 삶은 급격하게 변화하기 시작했다.

19
바나바가 보낸 뜻밖의 편지

"바나바에게서 온 편지일세. 디도 형제, 자네가 큰 소리로 읽어주게."
바울이 말했다.

디도가 편지를 읽는 동안 바울은 주의 깊게 들었다. 디도가 읽기를 마치자, 바울은 고개를 들고 말했다. "세상이 지각 변동을 일으키고 있네. 하루가 다르게 제국의 모든 게 변화하고 있어. 이 엄청난 변화를 이해하는 것은 우리 능력 밖의 일일세."

바울은 편지의 끝부분에 시선을 주었다.

"바나바는 나처럼 아주 큰 글씨로 서명을 하고 있구먼. 어두운 소식으로 가득한 이 편지에 기분 좋은 단어가 하나 눈에 띄네그려. '고린도' 말일세. 드디어 베드로 사도가 고린도를 방문하게 되었어! 베드로 사도가 그리스에 오다니… 그것도 바나바와 함께! 한번 상상해보게나.

"나는 베드로 사도가 이방 교회들 중 한 곳을 방문해주기를 늘 바라왔네. 그것은 교회의 일치를 위해 중요한 일일세. 고린도 교회를 택한 것은 탁월한 선택이야. 그곳의 모임에는 유대인들이 많으니까.

그렇기는 해도 그의 용기에는 감탄하지 않을 수 없군. 베드로 사도는 할례 받지 않은 사람들의 모임에 참석하면 칼잡이들을 화나게 하리라는 것을 알면서도 그런 결정을 내렸어.

디도, 여기 이 부분을 다시 읽어주게."

디도는 바울이 가리키는 부분을 보더니 미소 지으며 그 부분을 읽어 내려갔다.

"요한 마가가 베드로 사도님과 함께 주님의 생애를 다룬 짧은 전기를 쓰고 있다는군요. 그리고 이 사실을 디모데와 저에게 알려달라고 하네요."

나는 말없이 한 손을 번쩍 들어 올려 기쁨을 표현했다. 디도도 똑같이 했다.

바울은 또다시 편지에 눈길을 주더니 디도에게 말했다. "이 부분을 다시 읽어주게."

"나는 베드로 사도에게 키프러스를 방문해줄 것을 요청했습니다. 베드로 사도는 또한 북아프리카에도 가볼 생각입니다. 예루살렘의 상황이 몹시 안 좋습니다. 클라우디우스 황제가 이방인을 이스라엘 총독에 임명했기 때문이지요. 새로운 총독은 유대 민족에 대한 공감과 이해가 부족합니다. 그래서 로마 병사들이 성전을 모독하는 행위를 일삼고 있지요."

바울이 끼어들었다.

"최근에 유대 지도자들이 이스라엘에 가해지는 이런 끊임없는 모욕에 대해 신임 총독과 이야기해보려고 가이사랴로 갔지만, 별 소득이 없었다네. 계속 읽게."

"최근에 이곳 이스라엘에서 발생한 최악의 사건은 몇몇 사마리아인이 유대인을 살해한 것입니다. 이 사건은 총독인 쿠마누스에게 보고되었으나 쿠마누스는 아무런 조치를 취하지 않았습니다. 유대인 사절단이 총독을 만나러 가이사랴로 갔지만, 쿠마누스는 이번에도 아무 반응이 없었습니다. 이는 전 이스라엘을 분노로 들끓게 했고, 그 결과 엘리에셀 벤 디나이라는 자가 군대를 일으켜 사마리아의 몇몇 마을을 불태우기에 이르렀지요.

쿠마누스는 총독으로 있는 동안 줄곧 이스라엘에서 일어나는 일들에 무심했고, 그 결과 최근에 몇 개의 비밀 결사가 조직되었습니다. 모두 유대 종교의 정화를 목적으로 하는 조직입니다.

가장 위험한 조직은 칼잡이들입니다. 그들은 시골 사람들로, 먼저 암살 대상을 정한 뒤 축제 때 예루살렘으로 들어가 사람들 틈에 섞여서 모세의 율법을 어긴 사람을 찾아다닙니다. 그러고는 그 사람을 찾아서 단도로 찌른 뒤, 다시 군중 속으로 숨어드는데 아직까지 붙잡힌 사람이 아무도 없습니다. 이들의 정체를 아는 사람은 아무도 없는 듯합니다.

쿠마누스가 교체될 당시, 황제는 또다시 매우 현명하지 못한 결정을 내렸습니다. 신임 총독으로 벨릭스라는 사람을 임명한 것입니다. 벨릭스는 한때 노예였지요. 그는 전직 군 사령관으로, 이스라엘 총독으로 임명된 최초의 군 출신자입니다. 벨릭스를 총독에 임명한 것은 전쟁을 선포한 것이나 다름없습니다. 로마 역사를 통틀어 군 출신이 식민지나 속주의 총독에 임명된 적은 단 한 번도 없었지요. 벨릭스는 총독이 되자마자, 엘리에셀 벤 디나이를 붙잡아 처형했습니다. 벨릭스는 이스라엘 민족에 대한 이해가 전무하며, 우리에 대해 알고자 하는 마음도 전혀 없다고 합니다.

그 밖에도 또 다른 문제가 있습니다. 로마와 이스라엘 정부에 내야 할 세금이 늘어난 것입니다. 올해에는 이스라엘에 흉년이 들었습니다. 식량 부족은 가난한 사람들을 가장 힘들게 하므로 사회 불안을 가중시키지요."

잠시 바울의 얼굴에 고통스러운 빛이 스쳤다. "때때로 나는 정부 당국자들이 제정신인가 하는 생각이 드네. 바나바가 열거한 이 모든 문제 외에 또 다른 우울한 소식이 있다네. 예루살렘의 장로들이 헤롯 성전을 완공하기로 결정했다는 걸세. 그들은 인부 1만 8,000명을 고용했네. 현명한 우리의 지도자들은 성전 건축을 위해 새로이 세금을 부과했고 말이지! 흉년이 들어 고통 받고 있는 사람들, 굶주림에 지쳐 당장이라도 폭동을 일으킬 기세인 사람들에게 세금이라니, 이게 될 말인가?"

바울의 그 다음 말에는 예리한 통찰이 깃들어 있었다.

"성전 공사를 위해 많은 사람을 고용한 것은 이번이 처음이 아니야. 유대 지도자들은 작년 일을 기억하지 못하는 것일까? 갑자기 예루살렘의 재정이 바닥나서 수천 명에게 임금을 지급하지 못한 것 말일세. 그 때문에 공사가 중단되었고 수천 명이 일자리를 잃지 않았나? 1만 8,000명의 인부가 어느 날 갑자기 임금을 받을 수 없게 되었다는 말을 듣는다면 그 자리에서 혁명이 일어날 걸세.

사태의 심각성을 간과하지 말게. 이스라엘 사람들 대부분은 로마에 대한 반란을 꿈꾸지만, 그 이유는 참으로 어처구니없는 것일세. 그들은 반란을 일으키면 어디선가 홀연히 메시아가 나타나 검으로든 어떤 기적적인 사건으로든 그들을 로마의 압제에서 구해주리라 믿는다네.

현재 가장 고통이 심한 시골 지역에서는 대도시의 부유한 유대인들에 대한 반감이 커지고 있어. 로마에 빌붙어 호의호식하는 이들이 바로 칼잡이들이 뒤쫓고 있는 사람들이지.

최근에 칼잡이들은 로마에 기대 치부하는 사람들뿐만 아니라 모세의 율법에 위협이 된다고 판단되는 사람들도 예의 주시하고 있네. 그래서 예루살렘 에클레시아의 신자들은 칼잡이들이 베드로 사도를 암살할까 봐 두려워하고 있지."

바울은 무거운 어조로 덧붙였다.

"예루살렘 교회에서는 베드로 사도의 안전을 위해 그에게 이스라엘을 떠날 것을 요청했다네. 그 다음 부분을 읽어주게, 디도 형제."

"나, 바나바는 이스라엘에서 일어나는 일들을 형제님에게 알리라는 베드로 사도의 요청에 따라 이 편지를 씁니다. 베드로 사도는 곧 이스라엘을 떠나 북아프리카로, 구체적으로는 알렉산드리아로 갈 예정입니다."

또다시 바울이 끼어들었다.

"베드로 사도와 나는 북아프리카에 대해 자세히 논의했네. 우리는 둘 다 그곳에서 어떤 일이 시작되든 유대인과 이방인이 함께 그 일을 해야 한다고 믿네. 그런 이유에서 베드로 사도는 아프리카에 갈 때 몇몇 이방인들과 함께 가기로 했다네. 참으로 잘된 일이지 뭔가.

베드로 사도가 키프러스를 경유하여 고린도에 가기로 한 것 또한 얼마나 감사한 일인지 모르겠네. 그는 이방인들과 함께 북아프리카에 가는데다 키프러스에 들려 그곳의 오래된 교회들이 이방인들을 마음으로 받아들이도록 도울 걸세. 그런 다음 고린도에 가서 할례 받은 사람들과 할례 받지 않은 사람들 모두에게 설교를 할 예정이지. 디도형제, 이제 블라스티니우스에 대한 부분을 읽어주게."

우리 모두는 상체를 앞으로 기울였다.

"예루살렘에는 심지어 교회 안에도 블라스티니우스를 따르는 사람들이 많습니다. 어떤 이들은 이방인들이 그리스도의 복음을 들을 수 있게 된 것에 분개하여 교회를 등졌습니다. 다른 사람들은 그 정도는 아니지만 베드로 사도에게 강한 반감을 표출하고 있습니다. 예루살렘 에클레시아 안에는 다른 누구보다도 블라스티니우스의 말에 귀 기울이는 바리새인과 서기관들이 많습니다.

바울 형제님, 블라스티니우스가 여러 회당에 형제님을 조심하라는 편지를 써 보낸 것은 굳이 말씀드리지 않아도 아실 겁니다. 이스라엘에는 형제님이 모세의 율법을 부인하고 비난한다는 소문이 자자합니다. 형제님이 갈라디아의 네 교회에 보낸 편지가 필사되어 이스라엘 전역에 유포되었는데, 이 편지를 읽고 형제님에게 등을 돌린 사람들이 많습니다. 형제님이 한 말에 분개하는 사람이 수백 명입니다. '바울을 과연 유대인이라고 할 수 있는가?'라고 말하는 사람이 있을 정도입니다."

바울은 또다시 무언가를 말하고 싶다는 표시를 했다.
"이제까지 블라스티니우스는 이방 세계의 유대인 회당에 편지를 썼네. 그런데 최근에는 이스라엘 전역에 있는 회당과 종교 지도자들에게도 편지를 쓰고 있어. 죄다 나에 대한 편지지."
바울은 고개를 들었다. "사랑하는 나의 여덟 이방인 형제들, 이스라엘에는 베드로 사도와 나에 대해 분개하는 사람들이 많다네. 그리고 로마에서 유대인을 추방하도록 한 클라우디우스 황제의 칙령으로 인해 이방인들 사이에 유대인에 대한 반감이 고조되고 있지. 상황은 악화일로를 치닫고 있네."
디도가 편지의 한 대목을 소리 내어 읽었다.

"칼잡이들이 날이 갈수록 형제님에 대해 적대적이 되어가고 있습니다. 베드로 사도처럼 형제님도 곧 목숨이 위태로워질 겁니다. 비록 예루살렘에서 멀리 떨어진 소아시아에 있어도 말이지요."

"바나바 형제님의 편지에 의하면" 하고 디도가 덧붙였다.

"베드로 사도는 이방 군대가 예루살렘을 포위하는 것과 관련한 주님의 말씀을 인용했습니다. '군대가 예루살렘을 포위하면 달아나라! 지붕 위에 있는 사람들은 내려오지 말고 즉시 달아나라!' 하고요."

"베드로 사도는 이스라엘의 미래와, 나아가 그 생존까지 걱정하고 있는 게 분명하네." 바울이 말했다. "현재 그는 동족에게 포위되어 있지."
"편지의 마지막은 이렇습니다." 디도가 말했다.

"바울 형제님, 키프러스에 대한 형제님의 시각이 옳았습니다. 키프러스의 유대 교회들은 달라지지 않았습니다. 그렇지만 나는 유대 교회가 없는 도시와 마을들에서 이방인들에게 그리스도를 설교했습니다. 베드로 사도가 키프러스에 가는 것도 신자들이 모이는 모든 곳에서 이 두 민족이 하나 되게 하고자 함입니다."

"편지는 전통적인 유대식 인사말로 끝납니다." 디도가 덧붙였다.
"아닌 게 아니라 바나바 형제님의 서명은 선생님의 서명처럼 아주 큰 글씨로 쓰여 있네요."
"그렇다니까." 바울이 말했다.
"그건 그렇고 마치 판도라의 상자를 손에 넣은 기분이군. 이제 이스라엘이 로마에 반기를 들고 일어나리라는 게 확실하게 느껴지네. 로마인들은 유대인에게 지쳤고, 유대인은 로마인에게 지쳤어.
그리고 내가 듣기로 양측 모두 클라우디우스 황제에게 지쳤네." 바울이 생각에 잠긴 채 말했다.

"바나바에게 답장을 써야겠네." 바울의 눈에 이슬이 맺혔다.

"베드로 사도가 키프러스에 가고… 또 고린도에 간다니, 이보다 기쁜 소식도 없을 걸세!"

세군도가 바울 쪽으로 몸을 굽히며 말했다. "선생님, 편지 내용에 충분히 주의를 기울이지 못하신 것 같은데, 선생님은 지금 위험에 처해 계세요."

"나는 열심당원을 비난할 수 없네. 나도 내 종교에 열심이니까. 나는 이렇게 할 생각이야." 그는 생각에 잠긴 채 말했다.

"다음에 기회가 되면 예루살렘에 가서 내가 여전히 유대인임을 입증해 보일 방법을 찾아보겠네."

"선생님의 민머리를 한 번 더 보겠는걸요." 내가 말했다.

"머리가 아예 없어지는 것보다야 민머리라도 있는 편이 낫지." 디도가 말했다.

"이 모든 우울한 상황 속에도 긍정적인 면을 찾아볼 수 있네." 바울이 말했다. "베드로 사도가 고린도에 간다니, 틀림없이 뭔가 놀라운 일이 있을 걸세!"

바울은 고린도에서 어떤 놀라운 일이 일어날지 알기 위해 그리 오래 기다릴 필요가 없었다. 그가 시장에서 일하고 있을 때 그 소식이 전해졌다.

20
베드로 사도가 고린도에 도착했다는 소식을 듣다

"베드로 사도께서 고린도에 오셨습니다."

바울이 일을 하다 말고 고개를 들어 보니 글로에의 집에서 온 세바스찬이었다. (글로에의 집은 지중해 일대에서 물건을 사고파는 고대의 무역회사를 경영했다. 세바스찬은 글로에가 가장 신임하는 노예들 중 하나로, 교역을 위해 자주 고린도와 에베소를 오갔다.)

"베드로 사도께서 우리를 만나러 오셨어요."

"믿어지지가 않는군." 바울이 세바스찬을 껴안으며 외쳤다.

"자세히 말해보게! 베드로 사도가 언제 도착했는가? 아직도 거기 있는가? 모임에서는 그를 어떻게 맞이했는가?"

"며칠 전에 키프러스에서 배를 타고 오셨습니다. 부인과 바나바 형제님과 함께요. 그렇지만 오래 머물지는 못하셨습니다. 겨우 사흘 계셨지요. 알렉산드리아에 가셔야 하는데, 고린도에서 이집트로 가는 배가 드물거든요. 간신히 배편을 구하고 보니 거의 곧바로 출항하는 배였어요. 그렇지만 정말 믿기 힘든 사흘이었지요." 세바스찬이 하늘을 향해 눈동자를 굴리며 말했다.

바울의 얼굴이 환해졌다.

"고린도 에클레시아의 모든 사람들이 베드로 사도를 맞이하려고 겐그레아의 항구까지 내려갔습니다. 그분을 모시고 돌아올 때에는 약 8킬로미터를 걷는 내내 노래하고 소리를 질렀지요. 베드로 사도께서는 몹시 기뻐하셨습니다. 기쁨이 가득한 사흘이었어요.

베드로 사도님은 매일 아침과 저녁에 설교를 하셨고, 한 번은 시장에서도 설교를 하셨습니다. 마지막 모임은 밤늦게까지 이어졌지요. 그분은 많은 이야기를 해주셨습니다. 그리고 많은 사람들의 병을 고쳐주셨는데, 그것은 정말 놀라운 광경이었습니다! 이틀 동안 교외의 들판에서서 병든 사람들을 위해 기도하셨지요.

베드로 사도님이 떠나실 때에는 형제자매들뿐만 아니라 수백 명의 다른 사람들도 배웅을 나왔답니다. 레케움 항구는 베드로 사도님에게 병자를 데려왔던 사람들로 가득 찼어요. 베드로 사도님이 그들에게 안수할 수 있도록 선장은 출항 시간을 늦췄지요."

"그렇다면 베드로 사도는 모든 면에서 크게 환영받았군."

"네, 하지만 바나바 형제님은 안 됐어요. 우리는 그분이 거기 있었는지조차 잘 알지 못했으니까요."

"아마 그게 바나바 형제가 원하는 방식이었을 걸세." 바울이 대답했다. "그 밖에 또 어떤 일이 있었나?"

"유대인 신자들이 이루 말할 수 없이 기뻐했습니다."

"그건 말하지 않아도 알겠네. 세상의 모든 민족 중에 유독 우리 유대인은 기사와 이적을 보고 싶어 하니, 이상하지 않은가?" 바울은 웃음을 터뜨렸다.

"그리스인 신자들은 어떻던가?"

"그들도 베드로 사도님을 매우 좋아했습니다. 그렇지만 최근에 아볼로 형제님이 알렉산드리아에서 돌아온다는 소식을 접하고는, 베드로 사도님을 만났을 때의 유대인들만큼이나 기뻐하고 있습니다.

"무슨 말인지 알겠네." 바울이 낙심해서 양팔을 들어올렸다.

"아볼로 형제님은 고린도에 갔다가 선생님을 만나러 이곳 소아시아로 올 겁니다."

"잘됐군." 바울이 말했다. "아볼로 형제를 만나본 적이 없는데 말일세. 그가 에베소에 오는 것도 괜찮겠지."

세바스찬이 전해준 또 다른 소식은 특별히 새로울 게 없었다. 그것은 로마에 이스라엘을 향한 긴장이 고조되고 있다는 것으로, 온 천지에 이와 관련한 소문이 무성했다. 고린도 시 당국은 이 문제에 신경 쓰지 않으려 했다. 어쨌거나 훗날 많은 유대인이 고린도에 유입된 것은 고린도 시의 재정에 큰 보탬이 되었다.

그날 밤, 세바스찬은 에베소 모임에 참석하여 보고했다. 늘 그렇듯 그의 에베소 체류 기간은 짧았다. 그는 하루이틀 가량 머문 뒤 고린도로 돌아갔다. 그러나 다소의 바울이 세바스찬에게 소식을 전해들을 날이 또 올 것이다. 그리고 그때는 최악의 소식을 듣게 될 것이다.

세바스찬이 고린도로 돌아간 지 얼마 안 되어 아볼로가 고린도에 도착했다.

(아볼로는 나중에 에베소에도 왔지만, 목회를 하러 온 것은 아니었다. 그가 온 것은 고린도에서 저지른 잘못에 대해 바울에게 사과하기 위해서였다.)

이제 또 다른 소식, 제국 전체를 뒤흔들 정도로 놀라운 소식을 전해야 할 것 같다. (바울은 그것을 로마에서 들려온 최고의 희소식이라고 불렀다.) 그것은 로마에서 오는 배에 타고 있던 선원들이 배가 항구에 닿기도 전에 큰 소리로 외칠 정도로 놀라운 소식이었다.

과연 어떤 소식이었을까?

21
로마 제국의 변화 전조와 파송 계획

"클라우디우스가 죽었다! 클라우디우스가 죽었다!" 선원들이 외쳤다.

부두에서 일하는 신자들 중 한 명(노예였다.)이 바울에게 이 소식을 전하러 시내로 뛰어갔다. 그는 브리스길라의 집 안으로 뛰어들어가면서 "클라우디우스가 죽었습니다! 클라우디우스가 죽었어요!" 하고 소리쳤다.

바울이 벌떡 일어났다. "확실한가?"라는 것이 그가 처음에 한 말이었다.

"확실하지 않은 소식은 내게 전하지 말게."

"확실합니다. 죽은 지 7, 8일이 채 안 됐습니다. 황제가 죽은 뒤, 로마를 출발한 첫 배가 방금 항구에 들어왔어요."

"어떻게 죽었다던가?" 아굴라가 물었다.

"소문에 의하면, 황후인 아그리피나가 독버섯을 먹였다고 합니다."

"이유를 알 것 같아요." 막 방에 들어온 브리스길라가 말했다.

"어떤 이유에서죠?" 바울이 물었다.

"아그리피나는 죽은 황제 칼리굴라의 누이예요. 클라우디우스와 결혼할 당시 그녀에게는 전 남편과의 사이에서 낳은 아들이 있었지요. 클라우디우스는 현재 열일곱 살인 그 소년을 자기 아들로 삼고 그에게 황위를 물려줄 것이라고 발표했어요."

"하지만 그건 살해 동기가 못 돼요!" 아굴라가 말했다.

"제가 듣기로 클라우디우스는 아그리피나에게 한 약속을 저버렸어요. 아그리피나와 함께 살면서 그는 아그리피나에게서 미치광이 칼리굴라와 비슷한 면을 보았지요. 그래서 친아들인 브리타니쿠스를 차기 황제로 삼고자 했어요." 브리스길라가 말했다.

"그런 걸 다 어떻게 알지요?" 바울이 감탄했다.

"저는 황궁에서 일어나는 거의 모든 것을 안답니다." 브리스길라가 별일 아니라는 듯이 말했다. "아그리피나에 대해 아시면 선생님은 클라우디우스가 왜 그녀를 두려워했는지 알게 되실 거예요. 그녀가 자기 아들 이외의 다른 사람이 황제가 된다는 것은 생각만 해도 못 견뎌 하리라는 것도요. 아그리피나에게는 오빠인 미치광이 칼리굴라와 같은 잔인한 피가 흐르고 있어요. 아그리피나는 클라우디우스의 아내가 되기 전에는 그나이우스 도미티우스 아헤노바르부스의 아내였는데, 그녀의 아들은 바로 이 전 남편의 소생이죠. 아그리피나에게는 아들을 황제로 만들려는 야심이 들끓고 있어요. 그 무엇으로도 그녀의 이 같은 야망을 꺾을 수 없을 거예요."

작년에 클라우디우스는 당시 열여섯 살이던 그 소년을 자신의 딸인 옥타비아와 결혼시켰어요. 그때 소년에게 새로운 이름이 주어졌지요. 원래 이름은 루키우스 도미티우스 아헤노바르부스였는데 카이사르 드루수스 게르마니쿠스로 바뀐 겁니다."

브리스길라는 잠시 말을 멈췄다가 이렇게 덧붙였다. "그렇지만 로마에서는 다른 이름으로 알려져 있지요."

"어떤 이름으로요?"

"로마에서 그는 네로라고 불린답니다."

"황위를 계승하면 그는 어떤 황제가 될까요?"

"오직 짐작만 할 수 있을 뿐이에요. 한편으로 생각할 때 그는 좋은 황제가 될 거예요. 세네카라는 훌륭한 스승이 있으니까요. 그러나 다른 한편으로 생각해보면" 하고 브리스길라가 신중하게 말을 이었다.

"그에게는 미치광이 칼리굴라의 피가 흐르고 있어요."

(브리스길라의 말 그대로였다. 세네카가 네로의 스승으로 있는 동안에는 네로는 많은 사람들로부터 사랑받는 매우 공정한 황제였다. 그러나 나중에 그는 세네카를 내쳤고, 그 후로 그를 제어할 수 있는 것은 아무것도 없었다.)

바울이 부두에서 온 형제에게 물었다. "유대인의 로마 귀환을 허용한다는 소식 같은 것은 없었나?"

"전혀요."

"아직은 때가 아니로군." 바울이 한숨을 내쉬었다.

"어쩌면 6개월이나 1년을 더 기다려야 할지 모르겠네. 어쩌면 더 오래 기다려야 할지도 모르고."

그런 다음, 바울은 매우 빠르게 뭐라고 덧붙였는데, 나중에 생각해보니 그는 오래 전부터 그 일을 계획했던 것 같다.

"아굴라 형제님, 오늘 저녁에는 형제님과 브리스길라 자매님 그리고 여덟 젊은이와 함께 식사를 했으면 합니다."

그날 저녁에 우리 여덟 명이 방에 들어갔을 때 방 안은 조용했다. 정적을 깬 사람은 가이오였다. "좋은 소식이 있습니다. 클라우디우스가 신이 되었다고 합니다."

바울이 말했다. "그는 황제가 되기보다는 신이 되는 편이 훨씬 나아. 자, 형제들, 어서 자리에 앉게. 중요하게 상의해야 할 일이 있네."

내가 이제껏 들은 소식 중 바울이 에베소에서 주님의 일꾼들을 훈련시키기로 했다는 소식에 견줄 만한 유일한 소식이 바로 그날 저녁에 들은 소식이었다. 그것은 좀처럼 동요하는 법이 없는 브리스길라조차 동요하게 만들었다.

"우리가 에베소에 머문 지도 1년이 조금 넘었네. 하나님의 자비하심과, 우리보다 앞서 에베소로 건너와 필요한 것들을 준비해준 브리스길라 자매님과 아굴라 형제님의 수고 덕에 에베소에서의 사역은 다른 어떤 곳에서의 사역보다 더 수월했네. 다시 한 번 말하지만 우리가 이 두 분에게 많은 것을 빚지고 있음을 자네들이 알았으면 해.

클라우디우스의 죽음에 대해 말하자면, 로마에는 새로운 신이 필요했던 걸세. 새 황제 게르마니쿠스 네로에 대해서는 아는 바가 없네. 그렇지만 과거를 살펴보면 미래를 짐작할 수 있지. 티베리우스 황제는 한때 로마에서 유대인을 전부 쫓아냈고, 그 결과 로마 경제는 붕괴되었어. 유대인이 로마인보다 정직하다는 것, 즉 뇌물이나 불법 행위에 대한 유대인의 저항이 로마인의 저항보다 더 컸던 게 판명된 셈이지. 나의 바람은 네로가 클라우디우스의 유대인 추방령을 철회하는 거라네. 그리고 간절히 바라건대 그가 이스라엘의 부담을 조금이나마 덜어주었으면 해. 안 그러면 우리 앞에는 비극이 있을 뿐이야."

바울은 오랫동안 바닥을 내려다보았다. 우리 모두는 뭔가 극적인 이야기가 시작되리라는 것을 알았다.

"내가 자네들에게 말하고 싶은 대단히 중요한 것 두 가지가 있네. 첫째, 많은 사람들이 소아시아의 다른 도시들에서 이곳에 왔다가 하나님의 자녀가 되어 고향으로 돌아갔네. 그들 중 많은 사람들이 이곳의 모임에 다녀갔지. 그들은 고향에 돌아간 후 대부분 자기 마을에 와서 복음을 전하고 모임을 시작할 누군가를 보내달라고 요청해왔네. 이제 그들의 요청에 응할 때가 되었어.

자네들이 그 도시들로 파송될 때가 된 걸세. 어디를 가든 숙소는 제공될 테니, 그 걱정은 하지 않아도 된다네."

아리스다고가 귀가 먹먹할 정도로 크게 "할렐루야!" 하고 외침으로써 우리의 기분을 대변하였다.

"전부 한꺼번에 파송되지도 않을 거고, 혼자 파송되지도 않을 걸세. 나는 자네들을 둘씩 짝지어 보낼 생각이야. 가끔은 나도 함께 갈 거고. 두기고와 드로비모는 가서 지켜보기만 해야 할 걸세. 주님의 일을 하기에는 아직 그리스도 안에서 너무 어리니까. 두기고는 디모데와 함께 다니고, 드로비모는 디도와 함께 다니는 게 좋겠네. 내가 함께 갈 때에는… 나는 자네들처럼 오래 머물지는 않을 걸세. 그리스도의 몸을 세우는 일은 자네들에게 맡길 생각이야. 그렇지만 늘 내게 보고해야 하네."

세군도가 바닥에 드러누웠다. "고향 집으로 돌아갈 때가 된 것 같네요!"

예상했던 대로 바울은 세군도의 유머를 무시했다.

"자네들 모두가 새로운 도시에 가서 그리스도를 설교하고, 에클레시아를 세우고, 다시 떠나는 것을 경험할 때까지 이런 방식으로 해나갈 걸세."

이번에는 가이오가 "할렐루야!" 하고 외쳤다.

"몇 번이나 감옥에 갇히고 매질을 당한 후에도 자네들이 이렇게 기뻐할 수 있으면 좋겠네만…." 바울이 말했다.

아리스다고가 재빨리 끼어들었다.

"저는 로마 시민이 아니라서 매질을 당하지는 않을 거예요." 아리스다고는 잠시 말을 멈췄다가 계속했다. "십자가에 달리겠죠."

"내가 말했듯이… "

"어디로 갈지는 우리가 정하는 건가요?" 내가 물었다. "아니면 선생님이 정해주시는 건가요?"

"내가 정해줄 거야! 그리고 세군도와 아리스다고는 같은 도시 출신이니 함께 다니지 않는 게 좋겠네. 두기고와 드로비모도 친형제 간인데다 주 안에서 아직 어리니까 함께 다니지 않는 게 좋겠고.

주님은 제자들을 둘씩 짝지어 보내셨다는 것을 기억하게. 하지만 두 명씩 다니는 게 반드시 지켜져야 할 원칙은 아니라는 것 또한 기억하게. 하나님의 방식에는 제한이 없으니까. 오늘날 열두 사도는 둘씩 짝지어 다니지 않아. 그들은 어디든 주님이(때로는 상황이) 인도하시는 대로 간다네. 그리고 함께 다니는 사람과 계속해서 함께 사역하리라고도 생각하지 말게. 나는 갈라디아에서 바나바와 함께 일했지만 그와 함께 지낸 시간은 2년에 불과했고, 그리스에서 실라와 함께 일했지만 그와 함께 지낸 시간 역시 2년에 지나지 않았네. 이곳 에베소에는 동역자 없이 혼자 왔고 말일세. 두 명씩 함께 다니는 것은 좋지만(특히 훈련 받는 동안에는) 그것이 절대적인 것은 아닐세. 주님은 길들여지지 않은 사자시라는 것을 늘 기억하게. 그분은 인간이 정해놓은 경계에 의해 제한 받지 않으신다네. 게다가 나는 자네들을 그리 멀리 보내지 않을 생각이야. 자네들은 아마도 에베소에서 80~96킬로미터쯤 바깥으로 나가는 일은 없을 걸세.

내 한마디만 더 하지. 자네들은 복음을 전할 테지만 그런다고 교회가 세워진다는 보장은 없네. 자네들은 도시 바깥으로 쫓겨날 수도 있어. 그럴 경우, 그 다음 도시로 가서 설교하게. 주님이 모임에 나올 사람들을 더하실 때까지 계속해서 복음을 전하게.

교회를 개척했다고 해서 스스로를 특별한 사람으로 여기지도 말고, 교회를 개척하지 못했다고 해서 실패자로 여기지도 말게. 주님의 일에는 성공도 없고 실패도 없네. 그리고 특정한 도시를 자네들만 사역할 수 있는 곳으로 여기지 말게. 자네들은 훈련생일 뿐이네."

"전도 여행을 다니지 않을 때에는" 하고 바울은 힘주어 말했다. "교회의 한 형제로 지내게. 형제들이 모일 때 평범한 한 신자로 모임에 참석하게. 나도 드로아에서 처음 안디옥에 갔을 때 4년간 그리했다네. 모임에서 자네들의 역할은 다른 형제자매들보다 넘치지도 않고 부족하지도 않아야 하네. 자네들은 현재 특별하지 않고, 앞으로도 특별하지 않을 걸세. 확실히 과거에도 특별하지 않았고 말이야."

바울의 말이 매우 차분하면서도 절대적이어서 우리는 살짝 몸이 떨려왔다.

그때 내가 말했다. "선생님, 소아시아의 다른 도시로 파송될 때 가고 싶은 곳이 있습니다."

"벌써 그런 생각을 했나?"

"네."

"어딘가?"

"두아디라입니다."

"두아디라? 왜?"

"우선 그곳이 제가 가야 할 곳이기 때문입니다. 두 번째로, 그곳은 루디아의 고향이기 때문입니다."

바울은 회의적이었다.

"디모데, 주님을 선포하러 가는 곳을 기분에 따라 정해서는 안 되네. 내가 복음을 전하러 길리기아로 돌아간 적이 없다는 것을 아는가? 나는 고향 땅에 교회를 세운 적이 없네. 반면에 바나바는 고향인 키프러스로 돌아가고 싶어 했지. 나는 바나바가 감상적인 이유에서 그런다고 생각했고, 그것이 우리가 의견 일치를 보지 못한 한 가지였다네. 이 문제는 시간을 두고 좀 더 생각해본 뒤에 다시 이야기하세나.

이제 자네들은 가보게. 나는 브리스길라 자매님과 아굴라 형제님과 할 이야기가 있어. 매우 중요한 이야기라네."

우리는 자리에서 일어섰다.

"그렇게 심각하게 말씀하시니" 하고 브리스길라가 가볍게 말했다. "더 기다릴 수가 없네요. 선생님, 거실에서 말씀을 나누시는 게 어떨까요? 설마 회당에 다시 나가라는 말씀을 하시려는 건 아니죠?"

"그렇게 사소한 문제가 아닙니다." 바울이 말했다. "우리가 의논하려는 것은 온 나라에 (그리고 어쩌면 온 세상에) 영향을 끼칠 만한 것입니다.

바울의 말은 예언적이었다.

"자세히 말씀해보세요." 아굴라가 말했다.

22
브리스길라와 아굴라에게 로마에 갈 것을 권유하다

바울이 아직 아무 말도 하지 않았는데 브리스길라의 눈에는 이미 눈물이 그렁그렁했다. 바울 역시 어떻게 말을 꺼내야 할지 전혀 모르는 게 분명했다.

"유대인이 다시 로마로" 바울은 마치 혼잣말을 하는 듯했다.

"돌아가기까지 얼마나 걸릴까요? 로마에 발을 붙이는 유대인은 누구나 목을 내놓아야 할 텐데요."

"목이 달아날 거라는 말씀이세요?" 브리스길라가 미소 지었다.

"정확해요!" 바울이 대답했다.

"오, 로마 시민이 된다는 게 얼마나 큰 이점인지!"

바울은 잠시 말을 멈췄다가 생각에 잠기며 다시 말을 이었다.

"얼마나 걸릴까요? 확실히 1년은 넘게 걸릴 겁니다. 새로운 황제가 즉위할 때마다 그가 황권을 공고히 하여 황위를 안정시키고 권력을 잡을 수 있을지를 온 세계가 지켜보니까요. 그래요, 최소한 1년은 걸릴 겁니다. 누가 알겠습니까? 유대인이 안전하게 로마로 돌아갈 때까지 5년이 걸릴지, 10년이 걸릴지…. 하지만 한 가지는 분명합니다."

바울이 고개를 돌려 아굴라를 바라보았다.

"현재 형제님과 나는 로마에 들어갈 수 없습니다. 그러나 그날이 오면 로마로 돌아가는 것을… 로마로 돌아가는 최초의 유대인들 중 한 명이 되는 것을 진지하게 생각해봐 주셨으면 합니다."

아굴라도 브리스길라도 아무 말이 없었다. 그들은 기다릴 뿐이었다. 마침내 브리스길라가 눈물을 닦아내고 말했다.

"그 이야기를 하실 줄 알았어요."

그녀답게 씩씩한 말투였다. 브리스길라의 다정하고 생기 있는 눈빛을 보며 바울은 안심했다. 자신이 얼마나 무리한 부탁을 하고 있는지 잘 알고 있었기 때문이다. 어쩌면 바울은 브리스길라와 아굴라가 로마로 돌아가면 진정 목숨이 위태롭다는 것을 그들보다 더 잘 알고 있었으리라.

"하루만 더 일찍 들어가도" 하고 바울이 매우 천천히 그리고 매우 신중하게 말했다. "목이 달아날 수도 있습니다."

"예수 그리스도를 위해 목이 달아나는 것쯤은 얼마든지 감수할 수 있습니다." 브리스길라가 바울과 달리 낙천적으로 말했다.

"아굴라 형제님, 내가 왜 아굴라 형제님이 로마로 돌아가는 최초의 유대인들 중 하나여야 한다고 생각하는지 말씀드리지요. 우리가 아는 한 로마에는 신자가 한 명도 남아 있지 않습니다. 그곳에 살던 그리스도인은 전부 유대인이었으니까요."

바울이 걱정스러운 표정으로 말을 이었다.

"그러나 로마는 이방 도시이고, 따라서 로마 교회는 이방 교회여야 합니다. 로마에 들어가는 최초의 신자들 역시 이방인이어야 하구요."

브리스길라가 아굴라의 옆구리를 찔렀다. "그렇다면 유대인인 당신 없이 나 혼자 로마로 돌아가야 하겠군요."

"옳은 말씀입니다." 바울이 말했다.

"그렇지만 아굴라 형제님은 이방의 에클레시아를 경험했습니다. 그것도 무려 5년 동안이나요! 거의 이방인이라 할 수 있지요."

"그렇다면 당신도 데려가줄게요." 브리스길라가 장난스럽게 말했다. "그렇지만 이번에는 토요일 아침의 그 지루한 회당 예식에 나를 끌고 갈 생각은 하지 말아야 할 거예요."

"선생님," 아굴라가 바울만큼이나 진지한 어조로 대답했다. "로마에 살 때 우리는 트라스테베레 지역에서 모임을 가졌는데, 참석 인원이 일곱 명에 불과했습니다. 유대인들만의 모임이었지요. 솔직히 모임의 분위기는 유대인 회당의 침체된 분위기와 비슷했습니다. 나는 유대인이지만 로마에서 또다시 그런 식의 모임을 보고 싶지는 않습니다. 나는 선생님만큼이나 로마에 복음이 전해지고 이방 교회가 세워지기를 바라고 있습니다. 고린도와 이곳 에베소에서 경험하고 그리스 북부에서 접한 그런 모임들이 로마에도 생겨나기를 원합니다. 그것을 위해서라면 나 역시 기꺼이 목숨을 바칠 각오가 돼 있습니다.

우리가 로마로 돌아가는 최초의 유대인 그룹에 속해야 한다는 것은 너무나도 분명합니다. 그리고 그것은 어쩌면 생각처럼 심각한 문제가 아닐 수도 있습니다. 로마에는 사기와 불법이 횡행하고 있다고 합니다. 유대인이 떠난 후 로마에서 사기 당할 걱정 없이 장사하는 것은 매우 어려운 일이 되어버렸지요. 정직한 유대인들이 떠나버린 탓에 힘든 상황이 닥친 겁니다. 그래서 벌써부터 유대인 추방령을 철회하거나 무시해야 한다는 소리가 나오고 있습니다.

세네카는 현명한 사람입니다. 내 생각에는 조만간 클라우디우스의 유대인 추방령이 철회되거나 잊혀질 겁니다. 그리고 그렇게 되면 유대인들이 로마로 쏟아져 들어올 거예요. 솔직히 철회되기보다는 잊혀지는 편이 낫습니다. 추방령이 철회되었을 때보다는 서서히 잊혀질 때 유대인들이 더 천천히 로마로 돌아올 테니까요. 그 편이 이방 교회를 위해서는 더 낫습니다. 유대인 신자들이 로마에 돌아올(그들은 분명히 다시 돌아옵니다.) 때쯤 로마에는 이미 이방 교회가 세워져 있을 거예요."

바울이 고개를 끄덕였다. "그렇게 되어야겠지요. 단순히 이방 교회가 세워질 뿐만 아니라 견고한 이방 교회가 세워져야 합니다. 그러므로 청컨대 로마로 돌아가시면 트라스테베레에 정착하지 않으셨으면 합니다. 그 지역은 유대인 거주 지역이니까요. 로마의 다른 열세 개 구역 중 한 곳에 정착하셔야 합니다. 브리스길라 자매님이 있으니까 충분히 가능할 겁니다. 어쨌거나 자매님은 이방인이고… 또 로마인이니까요! 시 당국에서 브리스길라 자매님에게 트라스테베레 구역에 살기를 강요하는 일은 없을 겁니다."

아굴라가 브리스길라를 돌아보며 말했다. "이방인과 결혼하길 잘했네요."

"내가 늘 말했잖아요." 브리스길라가 아굴라의 손을 잡으며 말했다.

"유대인이 처음으로 로마에 들어온 것은 300년 전이었어요. 모두 노예였죠. 100년쯤 전에는 로마에 3만 5,000명의 유대인이 있었어요. 지난 몇 년간 대부분의 유대인이 노예 신분에서 해방되었지만, 지금도 그들은 테베레 강 우편에 거주하는 것이 금지되어 있어요. 그래요, 우리는 트라스테베레 구역에 살아서는 안 돼요. 신자들의 모임은 테베레 강 이북에서 이루어져야 해요."

아굴라가 고개를 끄덕였다.

"유대인이 '야만적이고 미신적'이라고 말한 사람은 다름 아닌 키케로였어요. 유대인에 대한 이 같은 태도가 지금도 만연해 있습니다. 이런 편견이 생긴 이유는 로마에 사는 유대인이 로마에 세금을 내지 않아도 되기 때문이죠. 유대인들은 로마에 세금을 내는 대신 예루살렘에 세금을 내도록 되어 있어요. 우리는 온 세상에서 이런 특권을 지닌 유일한 민족이지요. 이것이 사람들의 분노를 샀습니다. 특히 로마에 기근이 닥치거나 그 밖의 어려움이 생겼을 때는 더 그렇지요. 예루살렘 성전이 세상에서 두 번째로 큰 은행이라는 사실도 불신과 질투를 불러 일으켰고요. 그렇습니다, 트라스테베레 구역에 살아서는 안 됩니다."

"바울 선생님," 브리스길라가 말했다.

"로마에는 주된 문화도 없고, 주된 민족도 없고, 주된 언어도 없습니다. 라틴어조차 주된 언어는 아니에요. 로마는 없습니다. 일곱 언덕에 다양한 문화적 배경을 지니고 다양한 언어를 구사하는 사람들이 살고 있을 뿐이죠. 로마에 있는 예수 그리스도의 교회가 로마적 특성을 띠는 게 가능할까요?"

"그것은 제국 전역에서 로마로 들어오는 그리스도인들이 있어야 한다는 것을 의미합니다. 로마에 사는 신자들 또한 다양한 문화적 배경을 지닌 사람들이어야 하고요."

"하지만 트라스테베레 구역에 살아야 하는 유대인들은 어떻게 하지요? 로마로 돌아오는 유대인들 중에는 믿는 사람들도 생겨날 텐데, 그 사람들 역시 모임에 나오고 싶어 할 겁니다." 아굴라가 말했다.

"그렇다면 되도록 트라스테베레 구역에서 가까운… 매우 가까운 곳에서 모임을 가져야 하겠군요."

"방법이 있어요." 브리스길라가 말했다. "아벤티누스 언덕에서 모임을 갖는 겁니다. 트라스테베레는 테베레 강을 사이에 두고 아벤티누스 구역 왼쪽에 있습니다. 두 구역은 다리로 연결되어 있고요."

"그럼 아벤티누스 구역이 좋겠네요." 바울이 말했다.

"한 가지만 더요. 제가 말씀드린 것만으로 로마가 얼마나 끔찍한 곳인지 이해하시겠어요?" 브리스길라가 물었다.

"지옥 한가운데도 로마보다 훨씬 더 나쁘지는 않을 겁니다." 아굴라가 말했다.

"로마에서는 사람들이 말 그대로 수면 부족으로 죽어갑니다. 세상에서 가장 살기 힘든 곳이에요. 사는 게 아니라… 그냥 하루하루 연명해 나가는 거죠. 로마는 상상을 초월할 만큼 시끄럽고 지저분합니다. 악취가 심해서 코에 꽃을 대고 다녀야 할 정도죠.

"선생님, 한번 생각해보세요. 아우구스투스 카이사르는 로마를 14개 구역으로 나눴습니다. 오늘날 로마 인구는 100만 명이 넘습니다. 그 중 대다수가 로마의 3분의 2에 해당하는 지역에 살고, 3만 6,000명이 나머지 3분의 1에 삽니다. 이 3만 6,000명은 엘리트 층들이죠. 권력자들과 부자들과 황족들 말입니다. 11개 구역에 사는 100만 명이 3개 구역에 사는 3만 6,000명을 위해 봉사한다고 할 수 있지요. 11개 구역에 사는 100만 명 중 대부분은 비인간적인 환경에서 삽니다."

브리스길라가 아굴라의 말을 뒷받침했다.

"우리가 로마를 떠나기 직전에 이루어진 조사에 의하면, 거의 모든 사람들이 아파트라고도 불리는 인술라(insulae)에 살고 있습니다. 주택은 26개 구획 당 한 채 꼴인데, 한 구획이 제법 커요. 26개 구획 당 주택이 한 채라는 것은 그 나머지는 전부 인술라라는 뜻이에요. 사람들은 그 비좁은 아파트에서 가축처럼 비참하게 살고 있지요."

"나로서는 그저 상상만 할 수 있을 따름입니다." 바울이 우울한 목소리로 말했다.

"그래요, 나도 그 이야기를 들었습니다. 두 분 말씀을 믿어요."

"인술라는 사람이 살 곳이 못되지만, 거의 모든 로마인이 인술라에 살고 있습니다. 아벤티누스 언덕은 그래도 소음과 대기 오염이 견딜 만합니다. 그곳은 위치가 좋아요. 북쪽에는 로마 광장이 있고 남쪽에는 오스티아 가도가 있지요. 서쪽에는 테베레 강이 있고 그 너머에 트라스테베레가 있고요. 그리고 동쪽에는 포르타카페나 구역이 있습니다. 트라스테베레와 포르타카페나는 가장 가난한 두 구역이지요. 그리스도를 믿는 사람들 대부분은 가난한 사람들일 겁니다. 대부분이 노예거나 노예 신분에서 해방된 사람들일 거예요. 따라서 미래의 우리 형제자매들은 이 두 구역 출신일 겁니다. 다행히 두 구역 모두 아벤티누스 언덕에서 가깝습니다."

"늘 그래왔지요." 바울이 동의했다. "우리 그리스도인들은 대체로 가난합니다."

"한 가지 여쭤볼 게 있습니다. 선생님은 지금 우리 두 사람에게 로마로 가줄 것을 요청하고 계십니다. 로마에는 100만 명이 넘는 사람들이 살고 있는데 말이지요. 과연 인구 100만 명 이상의 로마에 복음을 전파하는 데 두 사람이 무엇을 할 수 있다고 생각하십니까?"

"우선 다른 문제부터 해결하지요." 바울이 말했다. "두 분은 로마로 갈 의향이 있으신가요?"

브리스길라가 아굴라의 팔을 붙잡고 그에게 말했다.

"당신은 예수 그리스도를 찾았고, 그러는 과정에서 나도 예수 그리스도를 찾았어요. 그런 뒤 우리는 고린도로 가서 교회를 세웠지요. 간절히 바라던 꿈을 이룬 거예요! 현재 우리는 에베소에서 바울 선생님을 돕는 특권을 누리고 있고, 이곳에서 일어나는 많은 일들을 목격했어요. 우리의 삶은 기적이고 기쁨이었어요. 아굴라, 바울 선생님은 더 이상 젊지 않아요. 내 동족(이방인들)이 자기 안에 있는 그리스도의 영원한 생명과 거대 도시 로마의 에클레시아 생활을 알게 하려면, 바울 선생님 말씀에 따르는 게 가장 좋은 방법인 것 같아요. 로마로 향하는 문은 곧 열릴 거예요. 나나 당신이나 로마에 특별한 애정이 있는 것은 아니지만, 나는 로마로 돌아가기를 간절히 원해요."

이제 아굴라가 대답할 차례였다.

"나는 유대인이고 또 내가 유대인임을 자랑스럽게 생각하지만, 보다 큰 왕국을 찾았습니다. 그렇습니다, 선생님, 아내와 나는 문이 열리는 즉시 로마로 떠나겠습니다."

아굴라는 잠시 말을 멈췄다. "목이 달아나지 않을 것 같으면 곧바로 출발하겠습니다. 로마로 향하는 문이 완전히 열릴 때까지 기다리지 않겠습니다."

아굴라는 목이 메는 듯했다. "문이 완전히 열리기 전에 아벤티누스 언덕에 집을 사겠습니다. 그 집은 로마의 모든 신자들에게 휴식처가 되어 줄 것입니다." 그러고는 이렇게 덧붙였다. "우리 둘은 로마에는 별 쓸모가 없겠지만 하나님 나라를 위해서는 쓸모가 있을 겁니다."

브리스길라가 눈물과 자랑스러운 빛이 가득한 눈으로 아굴라에게 다가가 그의 볼에 부드럽게 키스했다.

아굴라가 힘주어 말했다. "우리는 기꺼이 로마로 가겠습니다. 하지만 궁금한 것도 많고, 해결해야 할 문제도 많고, 모르는 것도 많습니다. 자, 이제 다시 여쭙겠습니다. 선생님은 진정으로 단 두 사람이 로마에 영향을 끼칠 만한 무언가를 할 수 있다고 생각하십니까?"

"방법이 있습니다." 바울이 대답했다.

"나중에, 거기에 대해서는 나중에 말씀드리지요." 그의 목소리에는 대천사라도 감탄하게 할 만한 확신이 있었다.

브리스길라가 일어서며 남편에게 말했다.

"로마에는 다양한 사람들과 문화가 공존해요. 고린도에서 우리는 에클레시아를 위해 집의 벽을 헐어야 했고, 이곳 에베소에서도 벽을 텄어요. 그렇지만 로마에서는 진흙과 회반죽 이상의 것을 허물어야 할 거예요. 다양한 문화와 언어, 다양한 정치적 견해를 지닌 사람들을 한 지붕 아래 불러 모으려면 말이지요."

대화가 끝났다. 아굴라의 질문에 대한 답은 주어지지 않았다. 바울이 무슨 생각을 하고 있는지 아는 사람은 아무도 없었다. 단 두 사람이 어떻게 인구 100만 명 이상의 이방 도시에서 무언가를 할 수 있을까?

바울이 또다시 브리스길라와 아굴라, 그리고 여덟 명의 젊은이와 마주한 것은 그로부터 얼마 지나지 않아서였다. 바울이 로마에 대해 어떤 생각을 가지고 있는지 이야기한 것은 그때였다. 그날은 생각보다 일찍 왔다. 바울이 에베소에 머물 수 있는 날이 얼마나 짧은지, 그리고 아마도 그가 살 날이 얼마나 짧은지 깨달았기 때문이다. 예기치 못한 손님의 도착이 그 점을 명확하게 해주었다.

23
위기의 시대

비가 오고 있었다. 에베소에 폭풍우가 휘몰아쳤다. 그리고 고린도에는 또 다른 폭풍우(훨씬 더 거대한)가 몰려오고 있었다. 이 폭풍우는 에클레시아를 전에 없던 위기 상황으로 몰아넣을 터였다. 예루살렘과 안디옥에도 또 다른 폭풍우가 일었다. 바야흐로 위기의 시대였다.

천둥이 하늘과 땅을 뒤흔든 순간, 누군가 두란노 서원의 문을 열었다. 우리는 누가 천둥을 몰고 왔는지 보려고 고개를 문 쪽으로 돌렸다.

"누가가 아닌가!"

디도의 삼촌이자 안디옥의 사랑받는 의사인 누가가 비에 흠뻑 젖은 채 문간에 서 있었다.

바울이 그에게 달려갔다. 두 사람은 곧 작은 소리로 대화를 나누기 시작했다. 이윽고 누가가 우리 여덟 명이 앉아 있는 곳으로 왔다. 우리는 즉시 일어나서 이 만인의 존경을 받는 사람을 끌어안았다.

"삼촌," 디도가 말했다.

"안디옥에서 에베소까지 먼 거리를 오신 걸 보니 뭔가 중요한 소식을 가져오셨을 것 같은데요?"

"그렇단다." 누가가 말했다.

"블라스티니우스에 관한 소식인가요?" 내가 물었다.

"그뿐만이 아닐세. 훨씬 더 많은 소식이 있다네."

바울이 우리에게 다시 앉으라고 손짓을 했다.

"나는 누가와 조용히 할 이야기가 있네. 그동안 디모데 형제, 자네가 두기고와 드로비모에게 우리의 바리새인 친구에 대해 이야기해주게나." 바울이 미간을 좁히며 말했다. "그리고 만약 이 방 바깥에서 그에 대한 이야기를 한다면 다시는 이 방에 들어오지 못할 줄 알게."

"그 사람이 누군가?" 두기고가 물었다.

바울은 흠뻑 젖은 누가를 데리고 서둘러 브리스길라와 아굴라의 집으로 향했다. 잠시 후, 그는 디도와 가이오와 나를 불렀다. (우리 셋은 블라스티니우스를 만난 적이 있다.)

"무슨 일이에요?" 디도가 걱정스러운 어조로 누가에게 물었다.

"칼잡이들에 관한 이야기야." 누가가 대답했다.

"알고 있습니다." 내가 말했다.

"최근에 바나바 선생님이 바울 선생님에게 편지를 써 보내셨어요. 바울 선생님이 위험해지신 거죠?"

누가의 표정이 어두워졌다.

"로마에 긴장이 감돌고 있다네. 이스라엘에는 사방에서 반란에 관한 이야기가 들려오고. 거의 매일같이 누군가가 암살되고 있어. 요즘 이스라엘에는 '열심당원'이라는 비밀 조직이 새로 생겼다네."

"열심당원이라고?" 바울이 물었다. "이상하구먼. 나도 젊었을 때 열심당원이라고 불렸다네. 모세의 율법에 열심이라는 뜻에서 말이야. 다른 사람들도 많이들 그렇게 불렀고. 열심당원이라는 말은 수세기에 걸쳐 사용되어온 말일세."

"하지만 요즘은 그런 이름의 비밀 조직이 있습니다." 누가가 말했다.
"칼잡이들과는 다르지만 그들의 목적은 같아요. 율법을 엄수하고 로마의 굴레에서 벗어나는 것이죠."

"누가 형제님, 형제님은 멀리서 오셨지만" 하고 가이오가 말했다.
"우리 대부분은 형제님이 말씀하신 것에 대해 이미 알고 있어요. 뭔가 우리에게 전할 소식이 더 있지요? 그렇지 않다면 안디옥 에클레시아에서 형제님을 보냈을 리가 없어요."

"전할 소식이란 간단하네. 칼잡이들이 수차례의 논의 끝에 두 사람을 더 암살하기로 했다네. 한 사람은 베드로 사도일세. 그들은 베드로 사도가 할례 받지 않은 이방인들의 성전 출입을 허용했다고 생각하니까." 누가가 말했다.

"이들에게 다른 한 사람의 이름도 말해주게." 바울이 감정이 들어가지 않은 목소리로 말했다.

누가는 우리 셋을 바라본 뒤, 브리스길라와 아굴라 부부를 바라보았다. "칼잡이들이 바울 선생님을 죽이기로 맹세했습니다. 죽음의 맹세지요. 바울 선생님과 그들 중 어느 한 쪽이 죽을 때까지 멈추지 않겠다는 뜻입니다. 칼잡이들은 이 맹세를 완수하기 위해 세상 끝까지라도 쫓아갈 겁니다. 바울 선생님은 이제 쫓기는 신세가 된 거죠."

"그 말은" 바울이 말했다. "그들이 이미 이스라엘을 떠나 내게로 오고 있다는 뜻인가?"

"네, 선생님을 찾아 시리아까지 왔습니다. 선생님이 안디옥에 계신다고 생각했으니까요. 하지만 그 다음에는 어디로 가야할지 모르는 눈치입니다."

"흥미롭군." 바울이 말했다. "블라스티니우스는 어떻게 되었나?"

누가는 이야기를 매우 흥미진진하게 할 수 있었고 이번이 좋은 기회였지만 바울 때문에 그 기회를 놓치고 말았다. "바울 선생님, 선생님은 사람을 화나게 하는 재주가 있으시군요."

바울이 놀라는 체했다. "그런 말은 처음 듣네."

"이 모든 것의 중심에 블라스티니우스가 있다는 것은 의심할 나위가 없습니다. 그는 예루살렘 에클레시아의 형제자매들을 선동하고 있습니다. 믿는 바리새인들 중에 그를 따르는 사람들이 많아요. 블라스티니우스는 믿지 않는 유대인들도 선동하고 있습니다. 그렇습니다. 그는 칼잡이들을 부추겨 선생님을 암살할 계획을 세우도록 했습니다. 이런 적대적인 기류가 이제 열심당원에까지 퍼져 있지요. 게다가 블라스티니우스는 선생님을 향한 것만큼이나 강한 증오와 복수심을 베드로 사도에게도 품고 있습니다."

"예루살렘의 모임에서는 대체로 어떻게들 생각하는가?"

"제가 알기로, 어떤 사람들은 선생님이 모세의 율법을 없애려 한다고 믿고 있습니다. 선생님이 갈라디아 교인들에게 쓴 편지는 현재 이스라엘에서 가장 널리 읽히는 문서일 겁니다."

바울이 신음 소리를 냈다. "놀랍군. 지금쯤 그 편지는 갈라디아에서도 잊힌 지 오래 되었으리라 생각했는데."

"선생님, 너무 놀라지 마세요. 선생님이 우리에게 보낸 편지는 정말 대단했어요." 가이오가 활짝 웃으며 말했다. "우리를 완전히 뒤흔들어 놓았으니까요."

"블라스티니우스는" 누가가 말했다. "지금도 그리스도를 추구하는 것과 모세의 율법을 추구하는 것 사이에서 갈팡질팡하고 있습니다. 그는 율법과 관련하여 그 어떤 타협도 하지 않으려는 사람들의 강력한 지지를 받고 있지요."

"누가, 나 자신에게 자주 하는 질문을 하겠네. 블라스티니우스가 살인을 할까?"

"그러지는 않을 겁니다. 하지만 다른 사람들을 사주하여 살인을 저지르도록 할 수는 있겠지요."

"그건 살인과 별반 차이가 없지." 바울이 말했다.

"그자가 갈라디아로 돌아올까요?" 내가 물었다.

"안 그럴 것 같네." 누가가 대답했다. "대신 믿는 바리새인들을 몇 명 보내겠지."

"갈라디아에 있는 교회들도 이것을 알고 있나요?" 가이오가 물었다.

"알고 있을 뿐만 아니라 그 소식을 완전히 무시하고 있다네."

바울이 만면에 미소를 띠고 말했다. 가이오가 허공에 대고 주먹질을 했다. 나는 가이오의 목을 잡고 흔들었다.

"갈라디아 교인들은 블라스티니우스 같은 사람들에게 속아 넘어가지 않을 만큼 성장했습니다." 내가 말했다.

"전적으로 동감이에요." 가이오가 말했다.

"은혜가 율법을 이긴 거지요. 갈라디아의 형제자매들은 은혜가 무엇인지, 율법이 무엇인지 압니다. 그리고 그 차이도 압니다. 그들은 은혜를 선택했어요."

"블라스티니우스가 교회와 회당에 사람들을 보냈다는 소문이 있는데, 사실인 것 같습니다." 누가가 말했다.

"아직 이곳에 온 사람은 아무도 없었네." 바울이 말했다. "그리스에 온 사람도 아무도 없었고."

"어떤 이유에서인지 많은 사람들이 선생님이 드로아에 계신다고 생각합니다. 그곳에 친구분들이 사시나요?"

바울의 얼굴에 혼란스러운 빛이 스쳤다. "몇 명이 있긴 하네. 내가 그곳에 잠깐 다녀온 적도 있고."

"이유는 잘 모르겠지만 드로아의 회당에는 선생님에 대한 우호적인 분위기가 형성되어 있어요. 그곳 회당의 많은 사람들이 주께로 돌이켰지요. 여기 오는 길에 들은 이야기인데, 드로아에서 안디옥으로 선생님께 편지를 보냈다는군요. 선생님께 드로아로 와달라고 청하는…. 드로아에서는 100명에 가까운 사람들이 선생님을 기다리고 있습니다. 알고 계셨습니까?"

"뭐라고!" 바울이 외쳤다.

"누가 형제, 자네는 좋은 소식과 나쁜 소식을 동시에 가져오는 재주가 있네그려."

"선생님이 그리스 북부에 계시다는 소문도 있습니다. 하지만 에베소에 계시다는 소문은 들어보지 못했어요."

"어쩌면 내가 스페인에 있다고 소문을 낼 수 있을지도 모르겠네." 바울이 웃으며 말했다. "아니면 영국이든가!"

그런 다음, 바울은 불가피한 질문을 던졌다. "칼잡이들이 안디옥까지만 온 건가?"

"네, 하지만 언젠가 그들은 선생님이 계신 곳을 알아낼 겁니다. 언젠가 누군가가 이곳 회당에 나타날 겁니다. 언젠가 칼잡이들이 선생님을 찾아낼 거예요."

"나는 칼잡이들보다는 블라스티니우스 쪽이 더 걱정일세." 바울이 한숨을 내쉬었다.

"그자가 그리스도인을 자처하는 바리새인들을 교회로 보내려 하는 것도 마음이 쓰이고. 블라스티니우스는 갈라디아에서 했던 일을 다른 지역에서 또 하기가 주저되는 모양이야. 그는 직접 오지 않고 다른 사람들을 대신 보내고 있네. 이건 좋은 소식이 아니야."

디도가 내 머리칼을 헝클어뜨렸다. "어쩌면 또다시 디모데와 마주치는 게 두려웠는지도 모르죠."

"말씀드릴 게 더 있습니다." 누가가 말했다. 우리는 모두 신음 소리를 냈다.

"블라스티니우스는 맹세를 철회하지 않고 교회들을 돌아다닐 겁니다. 다음번에는 어느 교회에 나타날지 모르겠지만, 언젠가는 선생님이 그리스 북부에 있었던 것을 알게 될 겁니다. 틀림없이… 그는 그리스로 갈 거예요! 그리고 그곳에 머물면서 선생님이 그곳에 있지 않다는 것 또한 알게 되겠지요."

바울은 양손에 얼굴을 묻었다. "그리스, 오 그리스. 그곳 사람들은 분명 블라스티니우스를 두 팔 벌려 환영할 걸세."

처음에 나는 바울이 고통과 두려움의 감정을 인정하는 것이라고 생각했다. 하지만 다음 순간, 그가 다시 한 번 그리스 북부의 모임들을 주님께 의탁하고 있음을 깨달았다. 바울은 그가 가장 잘하는 것(주님 앞에서 지는 것)을 하고 있었다.

"선생님, 블라스티니우스는 지금도 야고보 사도의 편지를 가지고 다닌다고 합니다." 누가가 말했다.

"오, 이런!" 바울이 신음 소리를 냈다. "블라스티니우스가 그 정도로 야비할 줄은 몰랐네."

"선생님, 교회들에 그를 조심하라는 말씀을 하셨나요? 야고보 사도의 편지에 대해서는요? 블라스티니우스가 올 거라는 말씀은 하셨나요? 물론 지금쯤은 주의를 주셨겠지요, 선생님?"

바울이 고개를 들었다.

"누가 형제, 자네가 빌립보를 떠날 때 내가 말하지 않았나? 빌립보 교인들에게 블라스티니우스에 대한 이야기는 하지 말아달라고, 그의 이름조차 언급하지 말아달라고 말일세. 지금도 그 생각에는 변함이 없네.

사람들은 블라스티니우스에 대해 알지 못한다네."

바울은 방 안을 둘러보았다. "언젠가 블라스티니우스가 갈라디아의 교회들을 방문한 적이 있네. 교인들은 그가 온다는 것을 전혀 몰랐고, 따라서 아무런 대비도 안 되어 있었지. 하지만 블라스티니우스가 졌네. 은혜가 이겼어. 그리스도가 승리하셨네!

교인들은 아무런 경고도 받지 못했고 블라스티니우스에 대해 아무것도 알지 못한 채 그를 손님으로 환대했네. 그들은 순수했고, 유령에 대한 두려움 따위는 전혀 없었지."

그런 다음, 바울은 우리 모두를 충격에 빠뜨렸다.

"나는 블라스티니우스가 모임에 와서 설교하고, 가르치고, 사람들을 부패하게 하고, 교회를 파괴하려 하는 날이 오기를… 심지어 할례를 고집하는 날이 오기를 간절히 바라네. 이 모든 게 끝나면 나, 다소의 바울이 교회를 짚으로 세웠는지 아니면 금으로 세웠는지 알 수 있을 걸세."

"빌립보 교회와 관련해서는 두려워할 게 없습니다." 내가 분위기를 밝게 하려고 말했다. "우선 빌립보에는 유대인이 거의 없고, 회당도 없습니다. 다만 루디아가 있습니다."

누가의 얼굴이 밝아졌다. "그렇지, 루디아가 있었지."

"그렇지만, 데살로니가는 또 다른 문제일세. 블라스티니우스가 또다시 그곳에 가서 회당을 들쑤셔 놓을까 두렵네." 바울이 얼굴을 찌푸리며 말했다.

"그리고 지방 정부도요." 내가 덧붙였다.

"나는 기초를 놓았네. 그분의 이름은 그리스도일세. 나는 데살로니가 교회가 살아남으리라 믿네. 에클레시아는 하나님의 건축물이고, 블라스티니우스는 불일세. 인간이 무슨 일을 하든 그것은 언젠가 불의 시험을 받게 돼 있어. 불은 꼭 와야 하네. 언제나! 불은 꼭 와야 해!

내가 빌립보에서 데살로니가로 향할 때 주님이 내 삶 가운데 이 사람을 놓아두신 이유를 보여주신 것은 자네들도 알 걸세. 하나님은 나의 강함을 취하시고 대신 내게 약함을 주셨지. 그러고는 내 삶 가운데 블라스티니우스를 두심으로써 나를 영화롭게 하셨네. 나는 살아가는 동안 날마다 스스로에게 이런 질문을 던져야 하네. '다소의 바울, 너는 금과 은과 보석으로 집을 짓느냐 아니면 짚으로 집을 짓느냐?' 나는 하나님이 주신 이 가시… 블라스티니우스로 인해 하나님께 감사드린다네. 사람은 누구나 율법주의로 흐르기 쉬워. 율법주의를 바로잡을 방법은 하나뿐일세. 그리고 때로는 그 방법이 온전히 알려지기 전에 율법주의를 불살라야 할 때도 있다네."

나는 바울이 율법주의를 바로잡을 방법이 하나뿐이라고 했을 때, 그가 어떤 방법을 말하는지 정확히 알고 있었고, 그것은 디도도 마찬가지였다. 그러나 누가는 알지 못했다.

"율법주의를 바로잡을 방법이 뭔데요?" 누가가 물었다.

"그것은 예수 그리스도일세. 자유일세." 바울의 목소리는 확신에 차 있었다.

"세상에는 율법주의자와 입법자, 해야 하는 것들과 하지 말아야 하는 것들로 머릿속이 가득 찬 사람들이 있게 마련이야. 이런 율법주의자들은 늘 은혜의 복음을 경멸하지. 오직 그리스도만이 우리 안에서 율법주의적인 경향을 몰아낼 수 있네."

"선생님," 가이오가 말했다.

"언젠가 교회 신자들이 선생님께 왜 블라스티니우스에 대해 미리 주의를 주지 않았느냐고 물을 텐데, 그때 뭐라고 하시겠습니까? 타당한 이유를 대실 수 있겠습니까?"

"간단하네. 나는 예수 그리스도를 선포하느라 바빴다고 말할 걸세."

우리는 환호했다!

바울은 고통스러우면서도 소중한 무언가를 말했다. "그리스도만으로 집을 지을 수 없다면 아예 집을 짓지 않는 편이 낫네. 불이 떨어졌을 때 짓던 집이 다 타버린다면 하나님으로부터 그리스도의 신부인 교회를 세우도록 보내심을 받지 않는 편이 나아."

"사람들이 선생님에 대해 하는 말이 맞았어요." 누가가 말했다.

"뭐라고들 하는데요?" 가이오가 물었다.

누가가 가이오를 바라보며 고개를 가로저었다.

"그걸 모른단 말이오? 분명 자네도 들어보았을 걸세. 어떤 사람들은 바울 선생님이 미쳤다고들 한다네."

바울이 끼어들었다. "그렇다면 이 광인의 말을 좀 들어보게나. 내가 설교할 때 두려움 이외의 보다 나은 무기를 사용하지 않는다면, 나는 세세한 율법 조항에 골몰하는 블라스티니우스보다 나을 게 없네. 나는 경고를 하거나 두려움을 불러일으키는 짓 따위는 하지 않을 작정이야. 내게 집을 지을 터는 그리스도시네. 건축 재료도 그리스도시고, 모퉁잇돌 역시 그리스도시네."

그런 다음 바울은 이렇게 내뱉었다. "그 나머지는 악마가 알아서 하라지!"

우리는 모두 놀라서 어리둥절했다. 누가는 눈을 껌벅거렸다. 바울이 화를 내는 것은 매우 이례적인 일이었기 때문이다.

무거운 침묵이 흐르는 그때, 바울이 느릿느릿 말했다.

"블라스티니우스는 성공하지 못할 거야. 만약 그가 동료들을 대신 보낸다면… 그들은… 필히… 실패할 걸세."

우리는 조금만 더 이야기한 뒤, 고개 숙여 기도했다.

바울은 자신에게 또 다른 위기가 닥쳐오고 있음을, 어둠과 고통과 절망의 시기가 다가오고 있음을 알지 못했다. 그의 인생에서 이토록 어두웠던 시기는 전에 빌립보를 출발하여 데살로니가로 가던 때뿐이었다.

바울은 방금 자신과 교회에 반대하는 외부 세력에 대한 소식을 들었다. 며칠 내로 그는 내부에서 교회를 완전히 분열시킬 세력에 대해 듣게 될 터였다. 오늘날 바울이 이 자리에 있다면 내부의 적에 맞닥뜨리느니 외부의 적을 상대하는 편이 천 배는 더 낫다고 말할 것이다.

바울은 고린도에서 일어나고 있는 재앙에 대해 듣게 될 터였다.

그리고 디도는 바울을 제외한 다른 누구보다도 더 깊이 이 사태에 휘말리게 될 터였다. 따라서 바울이 통과해야 할 끔찍한 시간들과 이 비극적 사태와 관련하여 내 소중한 친구 디도가 한 역할을 여러분에게 전하는 것은 온전히 나의 몫이 되었다.

24
고린도 교회 소식을 듣다

"디도 형제님! 디모데 형제님!"

나는 즉시 그 목소리의 주인공을 알아보았다.

그는 전에 에베소에 와서 베드로에 관한 소식을 전해준, 글로에의 집 노예이자 그리스도 안에서 형제된 세바스찬이었다. 세바스찬은 에베소에 올 때면, 대개 아엘리우스 형제와 조니니우스 형제를 동반하곤 했다.

"에베소에 또 왔군. 글로에의 집이 소아시아에서 하는 사업이 많은가 보이." 디도가 말했다. "고린도 교회는 좀 어떤가?"

"고린도는 제국에서 가장 바쁜 도시입니다. 교회 이야기가 나왔으니 말인데, 바울 선생님은 이곳 에베소에 계시는지요?"

"그렇다네. 선생님은 틀림없이 자네 이야기를 듣고 싶어 하실 걸세." 내가 대답했다.

"저는 내일 새벽까지만 이곳에 있을 겁니다. 새벽에 고린도 행 배가 출항하거든요. 하지만 저는 바울 선생님을 뵈어야만 합니다. 저를 선생님께 데려다주실 수 있을까요?" 세바스찬이 초조하게 물었다.

우리는 사방으로 바울을 찾아다니다가 저녁 늦게야 그를 발견했다. (그는 막 브리스길라의 집에 도착한 참이었다.) 우리는 곧 대화에 몰두했다.

"우선," 세바스찬이 말했다.

"고린도 교회에서 스데바나 형제와 브드나도 형제, 아가이고 형제를 에베소로 보냈습니다. 그들은 저보다 먼저 출발했지만, 제가 탄 배가 먼저 도착했지요. 그들이 탄 배는 중간 기착지가 많지만 제가 탄 배는 곧장 에베소로 왔거든요. 고린도의 상황이 좋지 않습니다. 이상하게 들리겠지만 세 형제가 이곳에 도착할 때쯤이면 그들은 고린도의 상황에 대해 저보다 아는 게 적을 겁니다. 하지만 그들이 가져온 소식이 제가 가져온 소식보다 더 정확할 수는 있습니다. 제가 아는 것은 고린도를 출발하기 직전에 알게 된 것들이니까요. 직접 보고들은 것도 정확하지 않을 때가 있는데 다른 사람들을 통해 들은 이야기가 얼마나 정확할지 모르겠군요. 제가 지난번에 이곳에 왔을 때 베드로 사도님이 고린도를 방문했다고 말씀드렸었죠? 그 후 얼마 지나지 않아 아볼로 형제님이 고린도에 온 것을 아시나요?"

"아니, 몰랐네." 바울이 대답했다. "아볼로가 아직 고린도에 있나?"

"아니오, 베드로 사도님은 북아프리카로 떠나셨고, 아볼로 형제님은 그리스 어딘가에 계시지만 고린도에는 계시지 않습니다."

세바스찬은 바울을 똑바로 바라보았다.

"선생님, 좋지 않은 소식입니다. 고린도 교회에 깊은 균열이 생겼습니다. 형제들 간의 의견 차가 심하고 감정의 골이 깊은 상태입니다."

바울은 이미 누가에게서 좋지 않은 소식을 들을 만큼 들은 터였다. 마음이 산란해진 바울은 더 이상의 안 좋은 소식은 감당이 안 되리라는 것을 알았다. 그는 두 손으로 머리를 감싸 쥐고 말했다.

"계속하게."

"아볼로 형제님이 고린도에 머무는 동안 그에 대한 비난이 쏟아졌습니다. 교회의 유대인 신자들에게서요. 바울 선생님, 저는 그냥 상황을 있는 그대로 솔직하게 말씀드리는 겁니다."

바울이 손을 내저었다.

"베드로 사도님과 아볼로 형제님은 많이 다릅니다. 베드로 사도님이 훨씬 더 신중하시지요. 그렇지만 모임에는 아볼로 형제님을 따르는 사람들이 있습니다. 개중에는 공공연하게 '아볼로가 베드로나 바울보다 위대하다.'고 말하고 다니는 사람들도 있지요."

바울이 고개를 들었다. 그는 벌어진 입을 다물지 못했다.

"유대인들은 그 말에 큰 상처를 받았습니다. 모임의 유대인 신자들은 아볼로 형제님과 관련한 이 모든 이야기들에 몹시 언짢아했습니다. 제 생각에 이것은 유대인과… 우리 이방인들 간의 차이와 크게 상관이 있는 듯합니다. 북방의 야만인 노예인 저로서는 무엇이 문제인지 잘 모르겠습니다. 제가 아는 것이라곤 유대인은 베드로 사도님을 사랑하고 그리스인은 아볼로 형제님을 좋아한다는 것뿐입니다.

다른 사람들은 두 그룹을 화해시키려 하고 있습니다. 그들은 모든 사람들에게 고린도 교회를 개척한 사람은 바울 선생님이라는 것을 상기시키는 중입니다. 그런데 이는 더욱더 긴장을 유발할 뿐입니다."

세바스찬은 슬프게 고개를 가로저었다. "'베드로도 필요없고 바울도 필요없다. 우리에게 필요한 분은 오직 예수님뿐이다.'라고 말하는 사람들도 있습니다."

바울이 얼굴을 찡그렸다. "오…! 오…!"

디도와 나는 네 번째 그룹과 같은 태도가 가장 위험하다는 것을 알고 있었다. 우리는 몽상가들과 이론가들이 교회(그리고 영적인 문제와 관련한 그 밖의 모든 것)에 대해 초자연적인 시각을 가지고 있다는 것을 알 만큼 에클레시아 생활을 오래 했기 때문이다. 어떤 교회도 외부의 도움 없이는 생존하지 못한다.

바울은 질문하기 시작했고, 세바스찬은 늘 그렇듯 요점을 잘 파악하여 대답하였다. 대화가 길어질수록 우리는 더 심각해졌다. 나, 디모데는 그때 내가 했던 생각을 잘 기억한다. 나는 '어떤 에클레시아도 이런 상황에 처한 적은 없었어. 고린도 교회는 분열되고 말 거야. 바울 선생님인들 이 모든 문제에 대한 해결책을 찾을 수 있을까?' 하는 생각을 했었다.

신자들이 교회 개척자에게 등을 돌린다면 그것은 교회에 전례 없는 위기가 닥쳤음을 의미한다. 이런 경우 해결책을 찾을 가능성은 거의 없다.

"신자들 간의 갈등이 얼마나 심한가?" 바울이 물었다.

"형제자매들이 서로 간에 담을 쌓았는가?"

"잘 모르겠습니다. 스데바나 형제와 브드나도 형제, 아가이고 형제가 도착하면(곧 도착할 겁니다.) 보다 분명한 대답을 드릴 수 있을 겁니다. 그렇지만 저는 이 세 형제가 모르는 것을 알고 있습니다. 그것은 스데바나 형제가 고린도를 출발한 이후에 일어난 일입니다."

"무슨 일인가?"

"차마 입이 떨어지지 않는군요." 세바스찬이 말했다.

바울의 마음이 무너져 내리는 게 눈에 보일 듯했다. "나는 노인일세." 바울이 말했다.

"웬만한 일로는 놀라지 않는다네."

"글쎄요, 과연 그럴지…" 세바스찬이 말을 더듬었다.

"교회의 한 형제가 계모와 동거를 시작했습니다."

바울의 얼굴이 하얗게 질렸다.

"뭐…?"

"우리 모두는 일이 이렇게 될지 알고 있었습니다. 이제야 드러났지만 사실 동거한 지는 꽤 되었습니다. 그는 그 여자… 계모와 살고 있습니다."

"그것은 패륜 행위일세."

"그렇습니다." 세바스찬이 침울한 목소리로 대답했다.

"에클레시아의 형제들은 왜 뭔가 조치를 취하지 않는 건가?"

세바스찬이 어깨를 으쓱했다. "모르겠습니다."

그 순간, 나는 고린도 교인들이 곧 다소의 바울에게서 편지를, 그것도 아주 강력한 편지를 받게 되리라고 확신했다.

바울은 인내심이 많은 사람이었고, 그의 인내심에는 도덕과 상관없는 세상에 대한 이해도 포함되어 있었다. 그러나 그리스도의 몸 안에서 이런 극도로 부도덕한 일이 벌어지고 있는데도 교회가 침묵한다는 것은 그로서도 참을 수 없는 일이었다.

"에클레시아에는 전에도 부도덕한 일이 있었고, 앞으로도 그럴 걸세. 그렇지만 이토록 역겨운 일은 없었네. 이런 일에 대해 교회가 손 놓고 있은 적도 없었고."

"저는 이제 가봐야겠습니다." 세바스찬이 말했다.

"배를 타야 해서요. 배가 새벽에 출항하는데, 그 전에 승선해 있어야 합니다."

"찾아와줘서 고맙네, 세바스찬."

세바스찬은 문간에서 잠시 멈춰 섰다.

"고린도 교회에 편지를 쓰시려거든 이 모든 것을 선생님께 알린 사람이 글로에의 집에서 일하는 사람이라고 말씀해주시겠습니까? 하지만 제가 모든 것에 확신을 가지고 말한 것은 아니라는 점도 알려주세요. 혹시 고린도 교회에 전할 말씀이 있으신지요?"

"에베소의 모임이 점점 성장해가고 있다고 전해주게. 내 밑에서 훈련받고 있는 여덟 명의 젊은이가 별 문제를 일으키지 않는다고도 전해주고. 내가 그들에게 편지를 쓸 것이라고 전해주게."

"선생님," 디도가 말했다.

"시장에서 선생님의 설교를 듣는 사람들의 무리가 늘어나고 있다는 말씀도 하시는 게 좋지 않을까요? 그리고 많은 사람들(특히 유대인들)이 선생님의 수건에 무슨 일이 있었는지 알고 싶어 할 거예요. 유대인들은 기적을 좋아하니까요."

나, 디모데는 디도가 무슨 말을 하는지 통 알 수 없었다. 내가 무슨 말이냐고 묻자, 디도는 이렇게 대답했다.

"선생님이 날마다 두란노 서원을 나와서 시장에 가실 때 머리에 두르는 수건이 없어지곤 한다네. 그래서 매일 새 수건을 두르셔야 하지. 대체 싸구려 천조가리에 불과한 수건이 왜 자꾸 없어지는 걸까?"

"왜 그럴까요, 선생님?" 내가 물었다.

"기념품인 셈이지. 이 마을 사람들은 그런 걸 좋아한다네."

"디모데 형제, 여기에는 그 이상의 이유가 있네." 디도가 만족스러운 얼굴로 말했다.

"바울 선생님의 수건에 병을 고치는 힘이 있다고 소문이 났다네. 고린도 사람들이 그 이야기를 들으면 좋아할 거야. 적어도 유대인들은 말일세."

"세바스찬, 고린도에 그 소문은 전하지 말게나." 바울이 투덜거렸다.

세바스찬은 고개를 끄덕인 뒤 작별을 고했다. 그러고는 집을 나서다 무언가를 떠올렸는지 다시 들어왔다.

"오, 깜빡했어요." 세바스찬이 말했다. "고린도 교인들이 작년에 선생님께 보낸 질문 목록을 기억하시나요?"

"쉽게 잊을 수 있는 것은 아니지."

"고린도 에클레시아에서는 선생님께 또 다른 질문 목록을 보내기로 했답니다."

바울이 신음 소리를 냈다.

"브드나도 형제가 목록을 가져올 겁니다."

"알려줘서 고맙네." 바울이 당황한 기색을 감추려 애쓰며 말했다.

세바스찬이 떠난 후 바울은 한숨을 쉬며 말했다.

"오, 고린도 교인들이여, 그대들은 교회가 분열될 위기에 처한 데다 부도덕한 일까지 하는구려. 그러면서도 내게 또 다른 질문 목록을 보낸다고 하니, 대체 그대들을 어쩌면 좋단 말인가!

브드나도가 탄 배가 빨리 도착하기를 빌어야겠네. 우리에겐 시간이 없어. 고린도 교회는 당장이라도 산산조각이 날 수 있네."

바울의 원대로 되었다. 그 후 얼마 지나지 않아 배가 도착한 것이다. 그러나 세바스찬이 예상했던 대로 브드나도가 가져온 소식은 심각했다.

25
고린도 교회 소식을 자세하게 듣다

스데바나와 다른 두 형제가 탄 배가 에베소에 도착했을 때에는 달빛이 교교히 흐르는 고요한 밤이었다. 스데바나와 아가이고와 브드나도는 그날 밤을 배에서 보낸 후 에베소 시내로 향했다.

아굴라가 문간에서 그들을 맞아들인 후, 바울을 찾아 서둘러 시장으로 갔다. 바울은 즉시 하던 일을 멈추고 브리스길라의 집으로 달려왔다. 따뜻한 안부 인사가 오간 뒤 대화는 곧바로 고린도 교회의 위기에 대해 이야기했다.

"그곳 사정을 자세히 말해보게. 하지만 먼저 알아둘 것이 있네. 이틀 전에 세바스찬이 다녀갔다네. 세바스찬은 자네들보다 늦게 고린도를 출발했지만, 그가 탄 배가 다른 데를 거치지 않고 곧장 에베소로 온 덕에 자네들보다 먼저 도착했지. 세바스찬이 전해준 소식 중 몇 가지는 자네들이 알지 못할 걸세. 자네들이 고린도를 떠난 후에 일어난 일들이니까."

디도와 나는 아굴라의 집에 살고 있었기 때문에 그들이 무슨 이야기를 나누는지 무척 궁금했다.

그날 밤에, 바울이 우리 방문을 두드렸다.

"디모데 형제, 고린도에 편지를 쓸까 하는데, 기억해야 할 게 많아. 펜과 양피지를 가지고 내 방으로 좀 건너오게."

방을 나오려는데, 디도가 혼자 있는 게 마음에 걸렸다. 나는 바울에게 그 이야기를 하고 디도와 같이 가기로 했다. 잠시 후, 방 문 사이로 고개를 들이밀고 말했다.

"디도 형제, 이 쓸모없는 이방인 친구야, 내가 선생님께 말씀드려 허락을 받았으니 따라오라구…."

디도가 내게 신발을 집어던졌다.

우리가 방에 들어가 보니 바울은 벌겋게 부어오른 얼굴로 바닥에 앉아 있었다. 그는 우리를 보고 평정심을 되찾으려 했으나 말은 고사하고 숨 쉬는 것조차 힘들어 했다. 온몸을 떨다가 우리를 올려다보고는 간신히 이렇게 말했다.

"두려워했던 대로 고린도의 상황이 좋지 않아. 아니, 심각하네!

디모데 형제, 이 사람들이 말하는 것을 받아 적게. 하지만 먼저 이 형제들은 고린도 에클레시아에서 부도덕한 행위가 있었던 것에 대해 확실히 알지는 못했다는 사실을 알아두게나. 소문이 사실이라고 해도 그가 계모와 동거를 시작한 것은 이들이 고린도를 떠난 후인 듯하네."

"어느 정도 예상하기는 했지만 확실하게 알지는 못했어요." 스데바나가 말했다. "그리고 다른 사람의 삶에 개입하기란 무척 어려운 일이니까요. 교회가 개입해야 할 때가 과연 언제일까요?"

"그걸 늘 알 수 있는 것은 아니라네." 바울이 대답했다.

"이는 모든 교회가 안고 있는 문제지." 그는 우리 쪽을 돌아보며 말을 계속했다.

"그럼에도 불구하고 나는 이 형제들에게 말했네. 무엇을 어떻게 해야 할지 알기가 매우 힘들더라도 교회에서 뭔가 조치를 취해야 한다고 말이야. 선을 분명히 그어야 할 때 중 하나가 교회 내에서 성적 부정이 공공연하게 이루어질 때라네.

우리 그리스도인은 모든 것을 견디고 모든 사람을 인내로 대하네. 그렇지만 공공연하게 이루어지는 성적 부정을 그대로 두고 볼 수는 없어. 그랬다가는 에클레시아가 무너지고 말 거야."

나, 디모데가 아는 가장 너그럽고 율법적이지 않은 사람인 그가 참을 수 없는 한 가지 곧 성적 부정에 대해 말하고 있었다.

"고린도 교회의 세 형제가 조금 전에 내게 유대인들은 정절을 지키는 관습이 있지만 그리스인은 그렇지 않다고, 따라서 그리스인은 '순결'의 개념을 이해하는 데 어려움이 있다고 말했네."

바울의 이마에 주름이 깊게 파였다. "형제들, 이런 종류의 부도덕한 행위는 관습의 문제가 아닐세. 교회 안에서 성적 부정은 용납되어서는 안 돼. 이런 일은 바깥 세상에서조차도 용납되지 않는다네."

나는 바울이 하는 말을 정신없이 받아 적었다. 그리고 거기서 많은 것을 배웠다. 디도도 마찬가지였다.

"믿는 사람도 잘못된 일을 할 수 있네… 하지만 그런다고 하나님의 은혜에서 끊어지지는 않아… 하나님의 사랑은… 하지만…" 바울은 잠시 말을 멈췄다. "그렇지만 사람들과 천사들 앞에서 증언하건대, 결코 허용되어서는 안 되는 것들이 있네. 특히 에클레시아 안에서는 더 더욱." 그는 연거푸 깊은 숨을 들이쉬었다.

바울은 양피지를 들어올렸다.

"여기 고린도 교인들이 이 형제들 편에 보낸 기다란 질문 목록이 있네. 이런 엄청난 위기 상황에서 이 질문들에 답해야 하다니, 쉽지 않은 일일세. 오, 그리스인들이여! 소크라테스의 아들들이여!"

바울이 두루마리를 펼쳤다.

"고린도 교인들은 자신들을 둘러싼 세상이 무너져 내리는 와중에도 질문을 하는군."

바울은 질문 목록을 바라보면서 이 같은 보다 사소한 문제들에 생각을 모으려고 애썼다.

"디모데, 자네는 고린도에서 상거래와 관련한 송사가 얼마나 많은지 기억하나?"

나는 고개를 끄덕였다.

"두 형제가 상행위와 관련한 문제로 서로를 고소했네. 그들은 재판까지 갈 걸세."

디도가 자세를 바로 했다. 나는 손으로 얼굴을 가렸다.

"이방인들이 그 이야기를 듣는다고 한번 생각해보게! 그리스도 안에서 형제된 사람 둘이 법정 다툼을 벌이다니, 이 얼마나 부끄러운 일인가!" 바울이 고개를 떨궜다.

"신자들 중에 이 다툼을 중재할 만큼 지혜로운 사람이 없단 말인가?" 바울의 눈에 뜨거운 눈물이 고였다. "디모데, 내 말을 받아 적게. 그리고 스데바나, 자네는 내가 하는 말이 맞나 봐주게.

최근까지 친구였던 두 형제가 있네. 한 사람은 육식을 하는 사람이고, 다른 한 사람은 채식을 하는 사람이지. 어느 날 시장에서 육식을 하는 친구가 루키우스의 정육점에 들어가는 것을 채식주의자 형제가 보았네." 바울은 내 쪽을 바라보았다. "디모데, 자네는 이 정육점을 아나?"

나는 디도를 건너다보며 대답했다. "그곳은 고린도에서 가장 큰 정육점입니다."

바울이 다시 말을 이었다. "육식을 하는 형제는 아주 커다란 고깃덩어리를 사갔네. 잠시 후 채식주의자 형제가 정육점에 들어와 물었네. '방금 전에 나간 사람이 우상에 바쳐진 고기를 사갔나요?' 하고 말일세.

정육점 주인인 루키우스가 퉁명스럽게 대답했네. '물론이지요. 이 가게의 고기 대부분은 우상에 바쳐진 거라오. 전국 각지에서 많은 사람들이 위대한 여신 아프로디테에게 제물을 바치러 몰려들기 때문에 신전에는 처치 곤란일 정도로 고기가 쌓여요. 그래서 제사장들이 내게 고기를 팔지요, 싼 가격에! 그러면 나는 그 고기를 다시 손님들에게 싼 가격에 판다오. 우상에게 바쳐진 제물은 신전 운영에 보탬이 되고, 그 고기는 정육점 운영에 보탬이 되지요.'

채식주의자 형제는 아연실색했네. 그리고 교회 전체가 이 문제로 갈라졌네. 오, 고린도… 사랑하는 고린도여!

그러니까 고린도 교회는 성적 부정과 법정 다툼, 여기에 사람들의 식습관과 관련한 문제까지 더해져 위기를 맞은 걸세. 그곳의 형제자매들에게는 분열을 일으키는 것 외에 보다 나은 일은 없단 말인가? 스데바나, 이 모든 것에는 보다 깊이 생각해보아야 할 문제가 있네. 바로 한 사람이 다른 사람을 위해 자기 목숨을 내어놓는 문제일세."

"하지만 어떤 사람이 자기 목숨을 내어놓는단 말입니까?" 브드나도의 말에 모두들 웃음을 터뜨렸다. 그러나 바울은 곧바로 진지하게 대답했다.

"보다 강한 사람이네! 강한 사람은 늘 약한 사람을 위해 목숨을 바친다네. 만약 그렇게 할 수 없다면 그는 강한 사람이 아닌 거지. 그냥 의지적으로 강한 체하는 것일 뿐."

나는 바울이 말하는 내내 팔이 아플 정도로 열심히 받아 적었다.

"자, 좀 보세. 혹시 내가 빠뜨리고 하지 않은 말은 없는지.

그렇지! 고린도의 형제자매들이 어느 날 저녁에 성찬을 한 방식에 대해 써야겠네." 그런 다음 바울은 냉소적으로 덧붙였다. "그것은 참으로 놀라운 저녁식사였음에 틀림없어." 그는 설명을 이어갔다.

"에클레시아의 형제자매들이 함께 식사를 하는 중간에 성찬을 하게 되었네. 어떤 이유에서인지 그날은 각자 자기가 먹을 음식을 싸오기로 했지. 자네들도 알다시피 그 모임에는(그리고 다른 모든 모임에도) 사실상 식량이 다 떨어진 형제자매들이 많았네. 그들을 제외한 다른 사람들은 아주 잘살고 말일세. 그리하여 어떤 사람들은 아무것도 못 먹고 그냥 앉아 있는데 어떤 사람들은 과식을 하고… 그리고… 몇몇은 술에 취하기까지 했지."

나는 펜을 떨어뜨렸다. 디도는 당황해서 어찌할 줄을 몰랐고, 고린도에서 온 세 형제는 고개를 떨궜다.

(바울은 상처 받은 동시에 분개했다. 그를 위해 한마디 하자면, 감정을 다스리는 데 필요한 며칠이 지난 후 바울은 다시 고린도 교인들에 대한 이해와 사랑이 많은 사람이 되어 나타났다. 내가 아는 바울은 인간의 연약함을 이해하는 사람이었다. 화가 날 때면 그는 늘 기다렸다. 그리고 결국 인내와 이해와 무한한 은혜의 사람이 되어 다시 나타났다. 그럼에도 이번 일에 대해서는 다시 은혜의 길로 돌아오기까지 수일이 걸렸다.)

바울은 몇 분간 그대로 앉아 있었다. 처음에 나는 사람들이 술 취한 것 때문에 그러나보다고 생각했다. 하지만 그게 아니라 디도와 내가 아직 듣지 못한 어떤 일 때문이었다. 그것은 교회의 내적 위기, 바울이 경험한 가장 큰 위기 때문이었다.

"베드로!" 바울이 느릿느릿 말했다. "아볼로!" 바울은 흐느끼기 시작했다.

"고린도 교회는 파국을 맞이하려는 참일세. 나는 베드로 사도가 고린도에 올 날을 꿈꾸고… 바라왔네. 내가 듣기로 베드로 사도는 고린도에서 아주 잘 지낸 것 같더군. 치유와 영광으로 가득 찬 모임들… 많은 사람들이 그리스도를 알게 되었고, 많은 사람들이 병 고침을 받았지.

유대인 신자들은 몹시 기뻐했고 말일세.

베드로 사도는 사람들이 예상했던 것보다 더 일찍 고린도를 출발해야

했네. 그가 떠날 때, 수백 명의 사람들이 배가 있는 곳까지 그를 전송했지."

바울이 억지로 미소를 지었다.

"그 후 얼마 안 되어 아볼로가 고린도로 돌아왔네. 그는 꽤 오래 머물렀지(그의 웅변술은 최고조에 달해 있었네.). 아볼로가 놀라운 말솜씨로 설교할 때, 그리스인 신자들은 이루 말할 수 없이 기뻐했네."

스데바나가 끼어들었다.

"그리스인으로서 말씀드리지만, 그리스인들 대부분은 아볼로 형제님이 그들이 들었던 가장 위대한 메시지를 들려주었다고 말할 겁니다. 아볼로 형제님의 목소리는 천둥처럼 울려 퍼졌다가 속삭이듯 잦아들곤 했지요. 그분은 고대 철학자들과 위대한 시인을 인용하고 고대 그리스의 전쟁 이야기를 들려주었습니다. 그러면서도 늘 설교의 요지가 복음과 연결되도록 말하곤 했지요. 아볼로 형제님은 방 안에 있는 모든 사람들로 하여금 눈물을 흘리게 하거나 벌떡 일어서게 했습니다. 제 말씀은, 아볼로 형제님이 설교를 마칠 때면 방 안의 모든 그리스인이 벌떡 일어나 우레와 같은 박수를 쳤다는 뜻입니다.

아볼로 형제님은 또한 시장에서도 설교했습니다. 많은 사람들이 그분의 설교를 들으러 모여들었지요. 그렇지만 시장에서 설교를 들은 사람들 대부분은 메시지 자체보다는 웅변술에 관심이 있는 듯했습니다. 그건 그렇고 아볼로 형제님이 즐겨 설교했던 장소는 프로필리어입니다."

(스데바나는 가이오에게 프로필리어란 시장으로 연결되는 넓은 계단이라고 설명해주었다.)

그 다음부터는 브드나도가 이어서 말했다.

"최근에 아볼로 형제님이 고린도를 떠났습니다. 그러나… 그분이 떠난 후 교회는 네 그룹으로 갈라졌습니다. 유대인은 기적과 표적을 강조하는(베드로 사도님의 사역에 영향을 받은 듯합니다.) 에클레시아를 원합니다. 반면에 그리스인은 메시지에(사실은 웅변술에) 중점을 둔 에클레시아를 원합니다. 그들은 그리스식 설교에 그리스적인 전통을 곁들이고 싶어 하지요. 위대한 철학자들을 인용하거나 시를 암송하거나 역사적인 사건을 이야기하고, 대체로 아리스토텔레스식 연설법과 수사법을 따르고자 합니다."

"아리스토텔레스의 그늘이로군요." 충격을 받은 디도가 말했다.

"달리 말하자면, 한 그룹은 눈으로 보는 것을 좋아하고 다른 한 그룹은 귀로 듣는 것을 좋아한다고 할 수 있겠군." 바울이 말했다.

브드나도가 말을 계속했다.

"아볼로 형제님이 설교를 마칠 때마다, 우리 그리스인들은 많은 지혜를 얻은 느낌을 받는답니다."

"소피아!" 바울이 중얼거렸다.

"소피아가 뭔가?" 디도가 속삭였다.

"지혜일세." 내가 대답했다. "그리스적 지혜지."

"반면에" 스데바나가 말했다. "유대인들은 병을 고치는 광경이나 표적을 보면서 기쁨을 느끼지요."

브드나도가 덧붙였다. "한 형제가 요약해서 말하기를 '어떤 이는 하나님이 베드로와 함께 하신다고 생각하고 어떤 이는 하나님이 아볼로와 함께하신다고 생각한다.'고 하더군요."

나는 바울을 생각하며 속으로 피눈물을 흘렸다.

우리는 말없이 기다렸다.

마침내 바울이 입을 열었다.

"고린도의 신자들은 주 예수 그리스도를 제대로 이해하지 못하는 듯하네. 중요한 것은 유대인들이 보는 어떤 것도 아니고, 그리스인들이 듣는 어떤 것도 아니며, 사람이 상상하는 어떤 것도 아니네. 눈을 만족시키는 기적이나 귀를 만족시키는 설교, 사람이 상상하는 그 무엇… 이 모든 것은 예수 그리스도와 아무 상관이 없어."

바울의 얼굴에 고통스러운 빛이 내비쳤다. 다른 사람들의 얼굴에도 살짝 고통스러운 빛이 떠올랐다.

"자네들의 문제를 과소평가하지 말게, 형제들. 내가 듣기로 어떤 이들은 '바울은 베드로처럼 많은 기적을 일으키지 못한다.'고 말하고, 어떤 이들은 '바울은 아볼로와 같은 지혜를 나눠주지도 못하고 말솜씨도 변변치 않으며 그리스어 실력도 형편없다.'고 말한다네."

바울의 그 다음 말은 우리 모두를 깜짝 놀라게 했다.

"내가 고린도에 오는 것을 원치 않는 사람들이 있나?" 바울이 물었다.

나, 디모데는 기가 막혀서 말이 나오지 않았다.

"그런 사람들도 있을 겁니다." 브드나도가 진지하게 말했다.

이번에 숨이 쉬어지지 않아 애를 먹은 사람은 디도였다.

"우리가 고린도를 떠나올 때, 한 형제가 선착장에서 그러더군요. '고린도 교회에는 문제가 많지만, 바울 선생님에게 이 문제를 해결할 능력이나 용기가 있는 것 같지는 않습니다. 그분의 편지는 강력하지만 우리와 함께 있을 때의 그분은 매우 약합니다. 약한 사람은 우리 문제를 해결할 수 없어요.'라고요."

"그렇다면 그 사람은 내가 아는 바울 선생님을 모르는 겁니다!" 디도가 화가 나서 말했다.

"내가 아는 바울 선생님도요." 내가 말했다. "바울 선생님이 루스드라에서 돌에 맞을 때 어땠는지 형제님들이 보았어야 해요… 그리고 선생님이 빌립보에서 행정관들에게 맞섰던 것도요. 선생님이 화를 내시자 행정관들은 아무 말도 못했지요."

"나는 매부리코를 한 바울 선생님이 베드로 사도를 굴복시킨 이야기를 들려드릴 수 있습니다. 선생님은 홀로 열두 사도와 맞서기도 했지요." 디도가 말했다.

"선생님은 내가 아는 가장 친절하고 가장 인내심이 많은 분입니다. 그래요, 선생님은 약합니다. 하지만 선생님의 약함에는 사람들이 알지 못하는 강함이 있습니다."

바울이 우리에게 조용히 하라고 손짓했다.

"디모데 형제" 그가 무뚝뚝하게 말했다. "자네는 내 말을 받아 적으려고 여기 있나 아니면 이야기를 하려고 여기 있나? 디도 형제, 열두 사도가 방금 자네가 한 말을 들었다고 한번 생각해보게. 그분들의 기분이 어떻겠나?"

"하지만…" 내가 외쳤다.

바울은 내 말을 무시하고 말을 계속했다.

"어쩌면 자네가 고린도 선착장에서 만난 사람의 말이 맞을지도 모르네, 브나도. 어쩌면 나는 고린도에 돌아가지 못할지도 몰라. 돌아간다고 해도 이 위기를 헤쳐나가지 못할 수도 있고.

결론은 이렇다네. 오늘 들은 이야기를 종합해볼 때 고린도에 편지를 보내는 것은 불가피한 일이야. 그렇지만 고린도 교인들이 그 편지를 읽으면… 그들은 내가 고린도에 오는 것을 원치 않을 수도 있네.

편지 내용을 어떻게 쓸지에 대해서는 잘 생각해봐야겠네. 질문 목록에 대한 답에 대해서도. 하지만 먼 길을 온 세 사람은 이제 그만 쉬는 게 좋겠어. 브나도, 쉬러 가기 전에 내게 질문 목록을 주고 가게. 질문들을 살펴보고 어떻게 답해야 할지 생각해볼 테니까. 다른 문제들(보다 심각한 문제들)에 대해서는 주님이 주시는 지혜를 구해야 할 것 같네.

브나도, 스데바나, 아가이고, 여기가 자네들 집이라 생각하고 편히 지내게. 우리는 자네들을 모든 모임에 초대할 걸세. 에베소의 모임은 고린도의 모임과는 다르다네. 자네들은 극진한 대접을 받게 될 거야. 오후에는 두란노 서원으로 나오게. 우리는 매일 그곳에서 만나니까. 요즘은 안디옥의 누가도 나온다네."

그런 다음 바울은 이렇게 덧붙였다. "아마 며칠 내로 자네들을 다시 부르게 될 걸세… 편지에 쓸 내용이 정리되면."

그 당시에는 알지 못했지만 바울이 그 모임을 나중으로 미룬 것은 잘 된 일이었다. 바로 다음날 바울은 시장에서 에베소를 뒤흔들어 놓을 만한 무언가를 했기 때문이다.

이제, 스게와와 그의 일곱 아들이 있는 시장으로 가보자.

에베소 아르테미스 신전

26
에베소에서 일어난 놀라운 사건

"이 능력은 예수라는 이름과 연관이 있는 게 분명해."

스게와가 아들들에게 속삭였다. 그들, 여덟 명의 유대인 마술사들은 바울이 어떤 주문을 외어 병자를 고치고 귀신을 내쫓는지 보려고 여러 날 동안 시장에서 바울을 지켜본 터였다. 신비한 능력이 있다는 바울의 수건도 흥미를 끌었지만 그들의 주된 관심사는 바울이 어떤 '주문'을 외우느냐였다.

"바울은 병자에게 안수하고 '예수의 이름으로…' 하고 말하지."

스데바나를 만난 다음날, 바울은 다시 시장의 일터에서 천막을 수리하고 있었다. 사람들이 귀신 들린 사람을 바울에게 데려오자, 바울은 그에게서 귀신을 쫓아냈다. 이를 지켜보던 사람들 몇 명이 바울의 능력이 어디서 비롯되었는지 안다고 여기고는 돈을 벌려는 목적에서 그 능력을 시험해보기로 했다.

스게와는 귀신 들린 사람을 찾고 싶어서 안달이 났다. 마침내 귀신 들린 사람을 만나자 그는 귀신에게 말했다. "바울이 전하는 예수의 이름으로 명하노니 그에게서 나오너라!"

그러자 귀신 들린 사람의 목구멍 안쪽 깊은 곳에서 "나는 예수도 알고 바울도 아는데, 도대체 너는 누구냐?" 하는 말이 흘러나왔다.

그와 동시에 귀신 들린 사람이 갑자기 초인적인 힘으로 스게와의 아들들을 차례로 때려눕히고 그들의 옷을 찢었다.

겁에 질린 스게와의 아들들은 상처를 입고 벗은 몸으로 달아났다. 시장에서 이 사건을 일부나마 목격하지 않은 사람은 거의 없었다. 어떤 사람들은 두려움에 떨고 어떤 사람들은 경외감에 사로잡혔다.

이 이야기가 알려지자, 사람들은 바울의 설교에 새롭게 관심을 갖게 되었고, 그리하여 그 다음 며칠간 에클레시아에는 새로운 신자들이 모여들었다.

그 다음에 일어난 일들을 이해하려면, 에베소 시민들과 그들의 사고방식에 대해 보다 자세히 알아야 한다.

에베소는 도시 전체가 마술에 푹 빠져 있었다. 에베소 거리를 걷다보면 도처에서 마술사나 마법사를 볼 수 있었다. 이 사실이 복음 전파에 도움이 될 수 있을까? 이 경우에는 그러했다.

무엇보다도 에베소 시민들은 적에게 마법을 걸 수 있다고 믿었다. 또한 그들은 저주를 내릴 수 있다고 믿었다. 마법이나 저주 혹은 사람들이 원하는 그 무엇이든 할 수 있다고 주장하는 마법사나 마술사가 많았다. 그들은 부적을 팔았는데, 사실 그것은 양피지 조각에 지나지 않았다. 사람들은 병이 낫기를 바라는 마음에서 부적을 사가지고 몸에 지니고 다녔다.

전 세계의 많은 사람들이 에베소를 찾는 이유 중 하나는 이 같은 비술을 배우기 위해서였다. 그들은 흑마술을 배우러 왔다. 무당 혹은 영매는 판토마임과 춤으로 자신들의 마력을 선전했는데, 그들의 춤에는 손님을 끌기 위한 기괴한 음악이 수반되었다. 에베소에는 황제 전용 점성술사도 있을 정도였다.

(나, 디모데는 에베소 거리에서 점쟁이들이 온갖 종류의 부적과 비방을 파는 것을 보았지만, 이를 직접 보지 않은 사람에게 그 광경을 설명하기란 불가능하다.)

바울의 수건이 사라진 것도 이런 연유에서였다. 에베소의 많은 사람들은 바울이 시장에서 천막을 수리하다가 병든 형제자매들에게 안수했을 때, 종종 병이 치유되는 것을 보았다. 이 미신적인 구경꾼들에게 바울의 수건은 부적과도 같았다.

이 모든 이교적인 풍습에 사로잡힌 무리 한가운데에 천막을 수리하는 한 사람이 앉아 있었다. 그는 돈벌이를 위해 하나님의 능력을 판다는 생각 따위는 해본 적이 없었다. 그리하여 미신에 사로잡힌 사람들은 바울이 팔지 않으면 훔치기라도 해야겠다고 생각했다.

도시 전체에 이런 미신적인 분위기가 형성된 것은 아르테미스 신전 때문이었다. 아르테미스 여신에게 병을 고치는 능력이 있다는 소문이 돌면서 제국 전역에서 사람들이 몰려든 것이다. 사람들은 아르테미스 여신을 예배함으로써 병 고침을 받고자 하였다.

아르테미스 신전은 시내가 내려다보이는 높은 언덕에 자리 잡고 있었다. 언덕을 올라가면 신전 기단이 나오고 그 위로 14개의 계단이 사방에서 신전을 둘러싸고 있었다. 길이가 거의 115미터이고 폭이 55미터 정도 되는 이 신전은 나, 디모데가 에베소에 살던 당시에 세계에서 가장 큰 건물이었다. (그 후 크기 면에서, 아르테미스 신전을 능가하는 네로 황제의 궁전이 등장했다.)

신전 지붕을 떠받치는 기둥은 높이가 18미터에 달했다. 1.8미터 너비의 기둥 170개가 두 줄로 늘어서 있었다. 벽옥으로 된 내실을 제외한 신전의 모든 것이 대리석으로 만들어져 있었다. 신전 중앙에는 커다란 자줏빛 휘장이 드리워져 있었고, 그 뒤편에 아르테미스 여신의 조각상이 있었다. 소문에 의하면, 여신의 조각상은 검게 칠한 나무 조각에 지나지 않았다.

에베소에 널리 퍼져 있는 미신의 근원지가 바로 이 신전이었다. 그리하여 어디를 가든 아르테미스 여신상과 신전의 자그마한 복제품을 파는 상인들을 만날 수 있었다. 이런 것들은 주로 놋쇠로 만들었지만 은이나 금으로 만든 것도 있었다. 아르테미스 신전의 복제품은 행운을 가져다준다고 알려져 있어서, 집집마다 이 복제품이 없는 집이 없었다. 머리에 세 개의 관을 쓴 아르테미스 여신상의 복제품은 에베소 시의 가장 큰 수입원이었다. 그리고 해마다 에베소를 찾는 수만 명의 방문객들로 인해 아르테미스 신전은 로마 은행과 예루살렘 성전에 이어 세계에서 세 번째로 큰 은행이 되었다.

(아르테미스 신전과 여신상의 복제품은 에베소에 큰 돈을 벌어다주었기에 이것들이 사라질

위기에 처하자 사람들은 바울에게 분노를 쏟아냈다.)

이 모든 것을 염두에 두면, 왜 바울이라는 위대한 능력을 지닌 사람에게 에베소 사람들의 이목이 쏠렸는지 이해가 갈 것이다.

믿기 어렵겠지만 그 다음 이틀 사이에 25만 명의 에베소 사람들 거의 대부분이 스게와와 그의 아들들에 관한 이야기를 들었다. 그리고 '예수'라는 단어가 도시 전체에 들불처럼 번졌다.

바울은 이 기회를 놓치지 않고 시장에서 예수 그리스도를 선포했다. 수백 명의 사람들이 그의 설교를 들었다. 어떤 사람들은 놀라워했고, 어떤 사람들은 질문(주로 마술과 귀신, 주문에 대한)을 했으며, 많은 사람들이 믿었다.

바울은 질문을 받으면 늘 그 질문이 한 가지 답(예수 그리스도)을 가리키도록 했다.

"나는 고린도에서 참으로 놀라운 일들을 보았다고 생각했습니다." 어느 날 저녁, 신자들의 모임에서 바울이 말했다.

"하지만 여기서처럼 많은 사람들이 주님을 믿는 것은 처음 봅니다."

그러나 시장에서 사람들이 마술에 대해 물을 때마다, 바울은 마술을 꾸짖고 에베소의 모든 마술사를 꾸짖었다. 그는 마술사가 사기꾼이라고 선언했다. 사람들은 바울의 말에 수긍했다. 에베소의 거의 모든 사람들이 마음속 깊은 곳에서 이미 그 사실을 알고 있었기 때문이다. 그들은 마술사를 사기꾼으로 여기면서도 그들에게 의존하고 있었다.

바울은 새신자들이 모인 자리에서 마술에 의존하는 것을 그만두어야 한다고 분명히 말했다.

"이는 회개의 증거가 되어야 합니다. 마술에 의존하는 것을 그만두지 않으면 예수님의 이름으로 세례를 받을 수 없습니다."

바울은 모임에서 예전에 마술사였다가 하나님께로 돌이킨 사람들을 발견하고는 그들에게 마술을 끊어야 함을 분명히 했다. 그리고 바울의 말이 청중 모두의 가슴에 박히도록 성령께서 역사하셨다.

전에 마술사였던 사람들 중 몇 명은 독실한 신자가 되었다. 그들은 여럿이 모여서 시가행진을 하기에 이르렀다. 자신들이 사람들을 속였음을 고백하고, 거기서 더 나아가 마술사들의 비밀을 공개했다. 오래지 않아 마술사들은 비록 일자리를 잃지는 않았지만 일거리가 줄어들었음을 알게 되었다. 그 다음 몇 주 동안 마술사 조합은 힘든 시기를 맞았다.

전직 마술사인 한 그리스도인이 시장에서 다음날 자신이 가지고 있는 마술 관련 서적들을 불태우겠노라고 선언했다. 그는 다른 신자들에게 와서 보라고 청하고, 다른 전직 마술사들에게도 자기처럼 할 것을 권했다. 그의 이런 대담한 선언은 모두의 주목을 끌었다.

다음날 시장은 구경꾼들로 북새통을 이뤘다. 이 대담한 형제는 불을 피운 뒤, 마술과 관련한 책들을 불길 속으로 던져 넣기 시작했다. 새로이 신자가 된 사람들도 놋쇠로 된 아르테미스 여신상과 신전의 복제품을 불 속에 던져 넣었다. 점점 더 많은 전직 마술사들이 마술과 관련한 물건들을 불에 던져 넣는 것을 보고 사람들은 충격을 받았다. 또 다른 새신자들(그리고 눈앞의 광경을 보고 죄를 뉘우친 다른 마술사들)은 집으로 달려가 우상과 부적, 마술 관련 서적 같은 것들을 가져와 불 속에 던져 넣었다. 무수히 많은 책이 불살라졌다. 양피지가 빠르게 타들어감에 따라 매우 밝고 뜨거운, 커다란 불길이 치솟았다.

바울의 설교를 들어본 적이 없는 사람들조차 분위기에 휩쓸려 우상과 부적을 불 속에 던져넣기 시작했다.

나, 디모데는 그 광경을 목격했다. 도시 전체가 마술에 관한 관심을 끊으려는 것처럼 보이는 순간들도 있었다. 그렇지만 그런 순간에도 하얗게 질린 얼굴로 지켜보던 상인들이 많았다. 그도 그럴 것이 그날 하루에 불살라진 책을 돈으로 환산하면 5만 일의 급료(5만 데나리온. 1데나리온은 노동자 하루 품삯에 해당된다 — 편집자주)에 해당하는 금액이었기 때문이다.

불길이 잦아들자, 바울은 잔불 앞에 서서 예수 그리스도를 선포했다. 그의 내면에는 방금 전의 불길보다 더 커다란 불길이 타오르고 있었다.

디도와 나는 그 광경이 믿어지지가 않았다. 우리가 예견할 수 없었던 것은 그날의 이야기가 소아시아 전역으로 퍼져나가리라는 것이었다.

이 사건으로 인해, 소아시아 전역에 복음 전파의 문이 열렸다. 책을 불사른 이야기는 에베소 남쪽의 마그네시아에까지 전해져, 그곳의 많은 사람들이 바울의 설교를 들으러 왔다. 에베소 북서쪽의 골로본에서도 같은 일이 일어났다. 에베소에서 북쪽으로 48킬로미터 떨어진 서머나와 북동쪽으로 48킬로미터 거리에 있는 사데에서도 사람들이 왔고, 버가모에서도 사람들이 왔다. 루디아의 고향인 두아디라에서도 많은 사람들이, 단지 바울의 설교를 듣기 위해 거의 100킬로미터의 거리를 걸어왔다.

놀랍게도 에베소는 소아시아 전역에 복음을 전할 교두보가 되었다.

우리 여덟 명은 전에도 에베소에 와서 바울의 설교를 듣고 신자가 된 사람들의 고향에서 설교를 한 적이 있었다. 그들이 고향으로 돌아가서 모임을 갖거나 우리에게 도움을 청하는 편지를 보내왔기 때문이다.

그런데 이제 전에 가본 적도 없고 들어본 적도 없는 곳에서도 와달라는 요청이 빗발쳤다. 그들은 자기들이 사는 지역에 와서 에클레시아를 세워달라고 했다.

(그 시기에 주님을 영접한 거의 모든 사람들은 적어도 모임에 한두 번은 참석할 만큼 에베소에 머물렀다. 그리고 모임을 경험한 후 자신들의 고향에도 에클레시아가 생기기를 바랐다.)

그 결과, 우리 여덟 명은 곧 인근의 많은 도시에서 설교를 하게 되었다. 믿지 않는 사람들에게 그리스도를 구주로 선포할 기회가 주어진 것이다. 당시 우리는 세상에서 가장 기쁨이 넘치고 열정적인 젊은이들이었다. 소아시아 전역에 교회가 세워졌다.

에베소의 신자들에게는 기쁨이 넘쳐났다. 날마다 아침저녁으로 모임이 열렸다. 브리스길라의 집에서 열리는 모임은 점점 더 많은 새신자들이 예수 그리스도를 만난 이야기를 하게 되면서 모임 시간이 점점 길어졌다. 모든 모임이 눈물과 환호 속에 이루어졌고, 밤늦게까지 이어졌다.

바울은 드로아의 유대인들과 이방인들이 함께 그의 설교를 들으러 왔을 때 특히 기뻐했다. 곧 드로아에도 하나님의 백성들의 모임이 생겨났다.

(이상하게도 바울은 드로아의 유대인 회당에서 많은 존경을 받았다. 블라스티니우스가 이제까지 행한 모든 일과 나중에 시도한 모든 일에도 불구하고 드로아는 그 안에 복음이 널리 전파될 운명이었다.)

고백하건대, 우리가 가장 우선적으로 관심을 기울인 사람들은 골로새에서 온 사람들이었다. 우리가 그들에게 한층 더 마음을 쓰고, 에바브라와 빌레몬에 관한 이야기를 들려주고, 빌레몬의 집을 찾아가는 방법을 알려준 것은 에바브라에 대한 사랑과 존경 때문이었다. 같은 이유에서 우리는 골로새에서 가까운 히에라볼리와 라오디게아에서 온 사람들에게도 세심한 주의를 기울였다.

소아시아를 지나는 사람들은 해안가의 거의 모든 마을과 도시(그리고 내륙의 많은 마을들)에서 주님과 주님의 신부를 증거하는 사람들을 만날 수 있을 것이다. 이유는 분명하다. 바울이 귀신을 쫓아낸 후 10년 이내에 소아시아에는 이스라엘을 제외한 다른 어떤 지방보다 많은 모임이 생겨났기 때문이다.

불행히도, 아가이고와 스데바나, 브드나도는 조금 전에 기록한 사건들 대부분을 직접 목격하지 못했다. 그들은 스게와의 아들들이 귀신에게 공격을 당한 후, 불과 며칠 만에 고린도로 돌아가야 했기 때문이다. 그러나 이적과 기사와 표적이 베드로의 전유물이 아니라는 것을 알 만큼은 보았다. 바울이 시장에서 설교하는 것을 보면서, 그들은 바울이 비록 그리스어를 잘하지는 못하지만 아볼로와 달리 성별된 사람임을 깨달았다.

그러나 이 기쁨 가득한 시기에도 바울은 블라스티니우스의 모략과 고린도 교회의 문제, 그리고 칼잡이들에 의한 살해 가능성에 직면해 있었다. (어느 날 이 모든 것이 한꺼번에 들이닥친 데다 디도까지 행방불명되면서, 바울은 "살아갈 모든 희망이 사라졌다."고 말할 정도로 절망에 빠진다.)

바울과 디도와 나는 브드나도와 스데바나와 아가이고와 함께 앉아서 고린도 교인들이 보내온 질문들을 읽었다. 고린도 교회의 어두운 현실과 씨름할 때의 바울의 얼굴이 지금도 눈에 선하다. 답을 찾느라 애쓰는 그의 얼굴은 고통스러워 보였다. 바울의 고뇌는 주로 고린도 교회가 와해될지도 모른다는 두려움에서 비롯되었다.

바울이 고린도 교회에 보내는 편지를 읽을 때, 여러분은 바울이 그의 주된 두려움(다시는 고린도 교인들을 볼 수 없을지도 모른다는 두려움)을 감추고 있음을 기억하기 바란다. 바울은 교회가 아주 사소한 일로도 무너져 내릴 수 있음을 알고 있었다. 고린도 교회에 보내는 편지 한 줄 한 줄에는 바울의 고통이 배어 있다. 나는 바울이 그 편지를 쓸 때 옆에 있었기 때문에 그것을 잘 안다.

나, 디모데는 그 편지가 쓰인 날에 대해 이야기하고자 한다. 그러나 그에 앞서 먼저 편지가 쓰이기 전날에 대해 말해야 할 것 같다.

27
고린도 교회에 대해 의견을 주고 받다

바울이 말했다. "내일은 고린도 교회에 보내는 편지를 쓰려고 하네. 오늘 모이자고 한 것은 고린도 교회가 당면한 문제점들을 살펴보기 위해서일세. 장차 자네들도 교회에서 사역하다가 고린도 교회와 같은 문제점들에 맞닥뜨릴 수 있을 거야.

자, 이제 질문 목록을 들으면서 자네들 같으면 어떻게 답할지 생각해 보게!" 바울은 방 안을 둘러보았다.

바울이 질문 목록을 읽는 것을 들으면서, 나는 차츰 고린도 교회에 대한 희망을 잃어갔다. 바울이 읽기를 마치기도 전에 우리 모두는 절망에 빠졌다.

읽기를 마친 바울은 지극히 그다운 무언가를 했다. 그 시간을 우리를 가르칠 기회로 삼고자 한 것이다. 바울은 늘 우리에게 보다 심층적인 무언가를 보여주고자 했다. 표면적인 문제가 아니라 그 기저에 있는 원인을 찾아내고자 했다.

바울은 먼저 세군도에게 물었다.

"자네가 보기에 고린도 교회의 가장 큰 문제는 무엇인가?"

세군도는 주저 없이 대답했다.

"고린도 교회는 선생님이 누군지 알 필요가 있습니다. 선생님은 고린도 교회에 특별한 존재인가요 아니면 베드로 사도님이나 아볼로 형제님과 비슷한 존재인가요? 고린도 교인들은 누구를 바라보아야 하나요? 선생님인가요?"

(돌이켜 생각해보면 세군도가 한 질문은 가장 어려운 질문이자 가장 자주 접하는 질문인 동시에 교회에 많은 문제를 불러일으킬 소지가 있는 질문이었다. 그 방에 있던 사람들은 시리아와 길리기아, 소아시아, 이탈리아, 크레테 등지를 두루 돌아다녔기에 그것을 잘 안다. 우리는 어디서 사역을 하든 늘 '당신은 누구인가?'라는 질문에 맞닥뜨렸기 때문이다.)

"가이오, 자네는 고린도 교회의 주된 문제가 무엇이라고 생각하나?" 바울이 물었다.

늘 대답이 빠른 가이오가 곧바로 대답했다.

"고린도 교회에 가장 많은 문제를 야기한 한 가지 질문은 '바울은 왜 돈을 받지 않는가?'라는 것입니다."

나는 숨이 턱 막혔다. 디도가 이마를 탁 쳤다. 바울은 뭔가를 중얼거렸다. (아마도 "그런 말을 듣다니 내가 너무 오래 살았어!" 같은 말이 아니었을까 싶다.) 그러나 가이오의 말에도 일리가 있었다.

바울은 잠시 가이오의 대답에 대해 생각해보았다.

"블라스티니우스도 갈라디아에서 같은 말을 했었지. '바울은 왜 돈을 받지 않을까요? 이유가 뭘까요?' 하고 말이야."

"사람들은 선생님이 부유하다고 생각해요." 가이오가 말했다.

"선생님에게는 돈이 필요하지 않다고 생각하고는 오히려 선생님이 자기네들에게 돈을 나눠주기를 바라지요. 제가 말씀드릴 수 있는 전부는 선생님이 돈을 요청하지 않는 게 많은 사람들에게 걸림돌이 될 수 있다는 겁니다."

바울이 당황해서 고개를 저었다. "놀랍군, 놀라워. 하지만 맞는 말일세. 그 점이 모든 이방 교회에 큰 문제를 불러일으켰지."

그런 다음 바울은 웃음을 터뜨렸다.

"내가 부유하다고? 내 옷을 좀 보게. 이게 부유한 사람의 옷으로 보이나?"

우리는 바울의 옷을 빤히 바라보았다.

"부유한 사람의 옷이라기보다는 도망나온 노예의 옷 같은데요." 디도가 놀렸다.

"나는 어디에서나 잘 알려져 있는 것 같지만 사실은 그렇지 않아. 나는 많은 사람들을 부유하게 해주었지만 내가 가진 재산은 5데나리온도 안 된다네. 내겐 복음을 전함으로써 얻는 보수 같은 것은 없네. 옷도 지금 입고 있는 옷이 전부일세. 물론 바리새인 복식은 제외하고 말이야. 하지만 바리새인 복식은 회당에 갈 때만 입는다네. 조금 전에 5데나리온 이야기를 했는데… 그것은 내가 시장에서 번 돈일세. 아주 힘들게 일해서 번 돈이지."

바울은 또다시 방 안을 둘러보았다. 그러고는 짐짓 화난 체하며 말했다.

"그런데 그 돈은 에베소에 데려온 젊은이들을 먹이는 데 다 들어간다네."

그런 다음 진지하게 덧붙였다.

"나는 날마다 시장에서 나보다 싼 가격에 서비스를 제공하는 노예들과 경쟁해야 해. 그들은 주인의 지시에 따라 자유민들보다 더 싼 가격을 부르지. 천막을 수선하는 일의 경우 특히 이런 경쟁이 심하다네.

여러 날을 시장에서 일하고도 수입은 쥐꼬리만큼도 안 될 때도 있어. 자네들도 알겠지만 우리는 이곳 두란노 서원에서 단식을 한 적도 있네. 먹을 게 다 떨어졌기 때문이지. 맞아, 나는 부유하네. 하지만 내가 가진 부는 물질적인 부가 아닐세!"

"그렇다면 선생님," 아리스다고가 말했다.

"왜, 돈을 받지 않으시는 겁니까?"

"몇 가지 이유가 있네." 바울이 힘주어 대답했다.

"첫째, 누구든 다소의 바울이 복음을 전하고 돈을 받았다는 소리를 하지 못하게 하기 위해서, 신자들이나 교회에서 돈을 받았다는 말을 하지 못하게 하기 위해서일세. 둘째, 다른 지역의 사역자들이 나를 비난하지 못하게 하기 위함이지. 셋째, 하나님의 일꾼들은 늘 돈과 관련하여 비난을 받을 수 있기 때문이야. 하나님의 일꾼들보다 더 많은 비난을 받는 사람은 로마 황제뿐이라네."

바울의 이마에는 주름이 깊게 파였고 눈에서는 불길이 일었다. "마지막으로." 하고 그가 외쳤다.

"복음을 전하고 보수를 받는 사람들은 그림자가 드리워진 삶을 살지 않을 수 없네. 많은 사람들이 하나님의 백성들에게 뭔가를 말하고 싶으면서도 그랬다가는 하나님의 백성들을 화나게 해서 돈을 받지 못하거나 더 적게 받을까봐 두려워 말을 못한다네. 나는 이제까지 그런 것에 얽매이지 않고 살아왔고 앞으로도 그럴 걸세."

바울은 천천히 숨을 들이쉰 후 이렇게 덧붙였다.

"나는 내가 말하고 싶은 것을 내가 원하는 때에, 내가 원하는 장소에서 말하지. 나는 누구에게도 빚진 게 없고 누구의 소유도 아니네. 내 안에서 타오르는 불길은 수입으로 끌 수 있는 게 아닐세. 그리고 내겐 내 손으로 일해서 버는 것 이외의 다른 수입은 없네."

그것은 거기 모인 사람들이 잊지 못할 말이었다.

바울은 이제 소바더에게로 고개를 돌렸다. "자네는 고린도 교회의 가장 큰 문제가 뭐라고 생각하나?"

"선생님," 소바더가 말했다.

"고린도 교회가 누구를 따르느냐에 따라 아볼로파와 베드로파, 바울파로 갈라져 있는 것은 사실입니다. 하지만 은사 역시 교회 분열의 원인이 되고 있습니다."

나, 디모데는 다시 한 번 절망감에 고개를 떨궜다.

"이토록 다양한 문제를 안고 있는 교회가 과연 계속 유지될 수 있을까?" 나는 머릿속에 떠오르는 생각을 소리 내어 말했다.

"은사와 방언! 이런 것들은 교회 안에 파가 갈리는 것만큼, 혹은 그 이상으로 큰 문제를 일으킵니다."

일순간 방 안에 정적이 감돌았다. 우리 중 다른 사람들보다 현명한 드로비모와 두기고는 아무 말도 하지 않았다. 이윽고 드로비모가 조심스럽게 물었다.

"선생님이 보시기에 고린도 교회가 직면한 가장 중요한 문제는 무엇인지요?"

바울이 절망적으로 두 팔을 들어 올리며 말했다. "부도덕성이네! 물론 부도덕성이야!"

그런 다음 바울은 나를 바라보았다.

"디모데 형제, 자네는 고린도 교회의 가장 큰 문제가 무엇이라고 생각하나?"

"솔직히 잘 모르겠습니다. 저 대신 할례 받지 않은 형제 디도에게 물어봐주세요."

디도는 도전을 받아들였다.

그는 바울의 눈을 똑바로 바라보려고 애쓰며 목청을 가다듬고 말했다. "목회사역입니다, 선생님, 목회사역이에요. 목회사역을 통해 이 형제자매들을 다시 그리스도께 인도하고 위기 상황에서 벗어날 수 있을 겁니다. 선생님께서는 귀로 듣는 것이나 눈으로 보는 것, 마음으로 상상하는 것이 중심이 되어서는 안 된다고 하셨습니다. 따라서 영적인 것이 중심이 되어야 합니다. 그리고 영적인 것이란 다름 아닌 그리스도입니다!"

방 안이 조용해졌다.

"흠." 바울은 이 한마디 외에 다른 말은 하지 않았지만 속으로 굉장히 많은 것을 생각하고 있었다.

"자네들 모두 훌륭한 답을 제시했고, 특히 한 사람은 썩 훌륭한 답을 제시했네. 이제 되었어! 내일은 고린도 교회에 편지를 쓰겠네."

바울이 쓴 고린도전서 헬라어 성경

28
고린도 교회에 편지를 쓰다

"편지를 쓰는 데 하루 종일 걸리거나 아니면 이틀이 걸릴지도 모르겠네." 바울이 말했다. "고린도 교인들에게 할 말이 많아… 고린도 교인들의 질문에 답도 해야 하고… 그래, 이틀은 걸릴 것 같네."

주님의 부활과 오순절 성령강림 사건이 있은 지 27년이 지난 봄이었다. 바울은 교회에 보내는 네 번째 편지를 쓰려는 참이었다. (이제까지 바울이 쓴 다른 편지로는 갈라디아의 네 교회에 보내는 편지와 데살로니가 교인들에게 보내는 두 통의 편지가 있다.)

방 안에는 바울과 디도, 고린도의 소스데네와 나, 이렇게 네 사람이 있었다. 내게는 바울이 구술하는 내용을 받아 적는 임무가 주어졌다. 소스데네는 바울의 편지가 진짜임을 증명하기 위해 그것을 직접 고린도 교회에 전달할 예정이었다. 바울은 소스데네가 그 편지를 전달한 직

후 나를 고린도로 보낼 계획이었다.

바울은 왜 직접 편지를 쓰지 않았을까? 그는 마흔이 넘은 나이였고, 마흔이 넘은 사람 중에 편지를 쓸 수 있을 만큼 시력이 좋은 사람은 거의 없었다.

"편지를 쓸 때 주의해야 할 것 같아." 바울은 먼저 이렇게 말했다.

"내가 하는 말이 많은 고린도 교인들에게 상처를 줄 수도 있으니까. 하나님의 백성들… 특히 문제를 많이 일으키는 백성들은 연약하다네. 그러니 그들이 성도임을 상기시키는 것에서부터 시작해야겠네. 비록 그들이 잘못된 행동을 했을지라도 말이야."

그리하여 편지는 다음과 같이 시작되었다.

하나님의 뜻에 따라 그리스도 예수님의 사도로 부르심을 받은 나 바울과 믿음의 형제 소스데네는 고린도에 있는 하나님의 교회와 그리스도 예수님 안에서 거룩함을 입어 성도가 된 사람들과 우리 주 예수 그리스도를 믿고 그 이름을 부르는 각처의 모든 사람들에게 하나님 우리 아버지와 주 예수 그리스도의 은혜와 평안이 함께하기를 기도합니다.

바울은 여기서 잠시 구술을 멈추고 이렇게 말했다.

"나는 고린도 교인들을 사랑하네. 날마다 그들을 생각하고, 늘 고린도 에클레시아로 인해 하나님께 감사드리지. 그들은 내게 큰 기쁨인 동시에 괴로움의 원천이야." 바울은 잠시 생각에 잠겼다. "그토록 많은 은

사와 그토록 많은 지식을 가지고도 그 결과가 어떠한가? 마치 어린아이들처럼 서로 싸우고 있지 않은가!"

바울은 천천히 고개를 가로저었다. 우리는 조용히 기다렸다. 이윽고 그가 다시 편지를 구술하기 시작했다.

나는 그리스도 예수님을 통해 여러분에게 은혜를 주신 하나님께 늘 감사하고 있습니다. 이것은 여러분이 그리스도 안에서 말과 지식을 포함하여 모든 일에 풍성한 복을 받았기 때문입니다. 그래서 여러분은 그리스도에 대하여 증거한 말씀을 굳게 믿고 모든 영적인 축복을 누리면서 다시 오실 우리 주 예수 그리스도를 기다리고 있습니다. 그분은 재림하시는 날에 여러분이 흠 없는 자가 되도록 끝까지 지켜주실 것입니다. 여러분을 불러 그의 아들 우리 주 예수 그리스도와 교제하게 하시는 하나님은 신실하신 분이십니다.
형제 여러분, 내가 우리 주 예수 그리스도의 이름으로 권합니다. 부디 서로 갈라지지 말고 의견을 모아 한마음 한뜻으로 굳게 연합하십시오.

바울이 고개를 들었다.

"세바스찬이 자신과 글로에의 집에서 온 다른 사람들이 한 말을 편지에 쓸 수 있도록 허락해줘서 정말 기쁘다네. 자네들 모두 글로에의 집을 알고 있겠지?"

"네." 우리가 대답했다. 디도는 약간 주저하며 이렇게 말했다.

"글로에의 집은 두 세대 전에 글로에 집안에서 세운 큰 회사죠. 지금은 제국 전역에서, 특히 지중해의 항구 도시들에서 사업을 하고 있고요. 세바스찬은 고린도 에클레시아의 다른 형제들 두세 명과 함께 회사일로 자주 이곳 에베소에 옵니다. 그는 제게 고린도 교회에 관한 이야기를 많이 해주지만 저는 그 말의 절반만 믿어요."

나는 글로에의 집에서 온 사람들에게서 여러분 가운데 다툼이 있다는 소식을 들었습니다.

바울의 눈에 눈물이 고였다. "오 이런, 이건 생각보다 어렵군그래."

여러분이 저마다 "나는 바울파다", "나는 아볼로파다", "나는 베드로파다", "나는 그리스도파다" 하고 말한다니 그리스도가 그렇게 나누어졌습니까?

바울이 여러분을 위해 십자가에 못 박혔습니까? 아니면 여러분이 바울의 이름으로 세례를 받았습니까? 나는 여러분 가운데서 그리스보와 가이오 외에는 아무에게도 세례를 주지 않은 것을 하나님께 감사하고 있습니다. 그래서 여러분은 아무도 내 이름으로 세례를 받았다고 말할 수가 없습니다. 스데바나의 가족에게 세례를 주긴 했지만 그 밖에는 아무에게도 세례를 준 기억이 없습니다. 그리스도께서는 세례를 주라고 나를 보내신 것이 아니라 기쁜 소식을 전파하라고 나를 보내셨습니다. 그리고 인간의 지혜로운 말로 하지 않는 것은 그리스도의 십자가가 헛되지 않도록 하기 위한 것입니다.

"디도 형제," 바울이 한숨을 쉬었다.

"자네는 디모데처럼 그리스인들의 사고방식에 익숙하지는 않지. 고린도는 아테네를 제외한 다른 어떤 곳보다 그리스 세력이 강한 곳일세. 이 고린도의 그리스인들은 타고난 철학자라네. 그들은 위대한 웅변가들의 연설을 듣는 것을 좋아하지. 그리스 웅변가들은 자신들이 매우 지혜롭다는 인상을 준다네. 그리고 청중 역시 그들의 웅변을 듣고 자신들이 지혜로워졌다는 인상을 받지.

그리스인은 귀로 듣는 것에 푹 빠져 있네. 하지만 내가 말했듯이… 그리고 자네들이 말했듯이… 귀는 사람의 영혼이 깃드는 곳이 아닐세. 그렇다면 유대인은 어떨까? 여기에 대해서는 나중에 다시 이야기하기로 하지. 지금은 그리스인들에게 초점을 맞춰야 할 때니까. 고린도 교회에는 그리스인들이 이탈리아인들이나 유대인들보다 훨씬 더 많다네. 그들은 그리스인 조상들의 말을 인용하거나 이론을 듣는 것을 좋아하고, 말로써 자신들이 얼마나 현명한지 입증해 보인다고 생각하지. 그리스인들에게 믿음은 별 의미가 없네. 그들은 십자가를 이해하지 못해."

십자가의 진리가 멸망하는 사람들에게는 어리석은 것이지만 구원받은 우리에게는 하나님의 능력이 됩니다. 성경에도 "내가 지혜로운 사람들의 지혜를 없애고 총명한 사람들의 총명을 쓸모없게 할 것이다."라고 기록되어 있습니다.

그렇다면 지혜 있는 사람이 어디 있으며 학자가 어디 있습니까? 하나님께서는 세상의 모든 지혜를 어리석게 하시지 않았습니까? 하나님은 세상 사람들이 그들의 지혜로는 자기를 알지 못하게 하시고 오히려 그들의 눈에 어리석게 보이는 전도의 말씀으로 믿는 사람을 구원하려 하셨습니다. 유대인은 기적을 보기 원하고 그리스 사람은 지혜를 찾으나 우리는 십자가에 못 박히신 그리스도를 전합니다. 이것이 유대인에게는 거치는 돌이며 이방인에게는 어리석은 것입니다. 그러나 부르심을 받은 사람에게는 유대인이나 그리스 사람이나 그리스도는 하나님의 능력과 지혜입니다. 사람이 보기에 하나님의 어리석음은 사람의 지혜보다 지혜롭고 사람이 보기에 하나님의 연약함은 사람의 강한 것보다 강합니다.

바울은 등을 뒤로 기댄 채 다시 한 번 디도를 바라보았다.
"놀랍게도 고린도 교회의 그리스인 신자들은 대부분이 문맹이라네. 그들 대부분은 노예이고, 그리스인이 아닌 신자들의 대부분은 해방 노예지. 그렇지만 까막눈인 이 그리스인들의 자부심은 대단하다네. 거의 모든 그리스인이 스스로를 현명하다고 여기는데, 그것은 그들이 듣는 연설 때문일세. 이런 상황에서 아볼로와 그의 뛰어난 웅변술은 교회에 도움이 안 되었어."

형제 여러분, 하나님이 여러분을 부르셨을 때 여러분이 어떠했는지를 한번 생각해보십시오. 인간적으로 볼 때 여러분 가운데는 지혜로운 사람도 많지 않았고 유능한 사람도 많지 않았으며 가문이 좋은 사람도 많지 않았습니다. 그러나 하나님은 세상의 지혜로운 사람과 강한 사람들을 부끄럽게 하시려고 어리석고 약한 사람들을 택하시고 세상이 대단한 인물로 여기는 사람들을 형편없이 낮추려고 천한 사람과 멸시 받는 사람과 보잘것없는 사람들을 택하셨습니다. 이것은 아무도 하나님 앞에서 자랑하지 못하게 하려는 것입니다.

여러분은 하나님 때문에 그리스도 예수님 안에 있게 되었는데 예수님은 하나님께로부터 와서 우리의 지혜가 되셨고 또 우리를 의롭게 하고 거룩하게 하며 우리의 죄 값을 지불하여 우리를 구원해주신 분이십니다.

"이와 관련하여 예레미야 선지자는 이렇게 말했네."

그러므로 이것은 성경의 "자랑하는 사람은 주 안에서 자랑하라."는 말씀과 같습니다.

"내가 직접적으로 아볼로에 대해 무슨 말을 해도 될까? 그런다면 많은 사람들이 상처 받을 걸세. 아볼로의 설교는 정말 근사했으니까. 반면에 내겐 오직 그리스도밖에 없었지. 그것도 십자가에 달려 죽으신…." 바울은 미소 지었다. "내 형편없는 그리스어 실력도 도움이 안 되었고… 나는 그리스어를 잘하지 못하네. 내겐 아볼로와 같은 말솜씨가 없어. 그리스인들에게 있어서 공개석상에서 완벽하지 않은 그리스어를 구사하는 것은 모욕일세. 그럼에도 하나님의 능력은 오직 가장 서툰 그리스어를 통해 나타난다네. 고린도 교인들은 그것을 잊고 있는 것 같아! 그들은 하나님의 구원의 능력을 잊고 있네!

형제들, 고린도 교회에 그리스도 안에서 성숙한 신자들이 있었다면 나도 지혜를 전할 수 있었을 걸세. 하지만 그렇다고 해도 그것은 하나님의 지혜지. 그러나 그리스인들은 귀를 만족시키기를 원하네! 그리고 유대인들은… 아… 그들은 하나님이 계시다는 증거를, 기적을 원하네! 이사야 선지자도 하나님이 자기 자녀들을 위해 준비한 것을 누구도 보거나 듣거나 생각조차 할 수 없다고 말하지 않던가? 그것은 오직 영으로만 볼 수 있다네."

바울은 이 주제를 이사야의 인용구로 마무리했다.

그것은 성경에 "아무도 보거나 듣거나 생각조차 못한 것을 하나님은 자기를 사랑하는 사람들을 위하여 준비해두셨다."라고 한 말씀과 같습니다.

바울은 또다시 디도 쪽을 보았다.

"디도, 눈으로 보거나 귀로 듣거나 마음으로 상상할 수 없다면 하나님을 사랑하는 우리를 위해 준비된 것들을 어떻게 알 수 있을까?"

"왜 저한테만 물어보세요? 여기 디모데도 있는데…."

"대답하게, 디도."

디도의 말이 화살처럼 돌아왔다.

"우리에겐 영이 있으니까요. 주님의 영이 우리 안에 들어와 우리와 하나가 되었으니까요. 영적인 것들은 육체와는 상관이 없어요. 육체는 알지 못해요. 확실히 눈과 귀는 알지 못해요. 오직 우리 안에 있는 성령만이 하나님의 마음을 알 수 있어요."

(말을 마칠 때쯤 디도는 온몸을 떨고 있었다.)

"고맙네, 디도." 바울의 얼굴에는 즐거워하는 빛이 역력했다. "자네가 한 말을 편지에 인용해도 될까?"

디도가 얼굴을 찌푸렸다.

"제가 한 말을요? 제가 아는 모든 것은 선생님께 배웠다는 것을 잘 아시잖아요."

"그렇지 않아." 바울이 말했다.

"그리스도에 대해 자네가 아는 것의 대부분은 그리스도께로부터 배웠네… 자네 안에 계시는 그리스도께로부터."

바울은 내게 다시 받아 적으라고 손짓을 했다. 그리고 디도는 바울이 하는 말을 주의 깊게 들었다.

> 하나님께서는 성령님을 통해 그 비밀을 우리에게 알려 주셨습니다. 성령님은 모든 것을 살피시므로 하나님의 깊은 것까지도 알아내십니다.

디도의 얼굴이 붉게 상기되었다. 바울은 계속해서 하나님의 성령에 대해 이야기하면서 성령의 길과 인간의 길을 대비시켰다.

> 거듭나지 못한 자연인은 하나님의 성령이 주시는 것을 받아들이지 않습니다. 그런 것은 영적으로만 이해할 수 있는 것이기 때문에 그들에게는 어리석게 보일 뿐만 아니라 그들은 그것을 깨달을 수도

없습니다.

바울은 조금 더 구술한 뒤 멈췄다. "여기에 대해 이사야 선지자는 이렇게 말했네." 바울은 다시 한 번 이사야를 인용했다.

> 성경에도 "누가 주의 마음을 알아서 주를 가르칠 수 있겠는가?"라고 하지 않았습니까?

바울은 한 문장을 덧붙였다. 나는 그의 말을 받아 적으면서 그의 얼굴에 어른거리는 것이 무엇인지 보려고 고개를 들었다. 바울의 눈에 눈물이 맺혀 있었다.

"이제 말하고 싶지 않은 것들을 말해야 할 것 같네. 아볼로 때문에 더 악화된 이 문제를 다루지 않을 수는 없으니까."

> 형제 여러분, 나는 여러분에게 영적인 사람을 대하듯이 말할 수가 없어서 세속적인 사람, 곧 그리스도 안에서 어린아이를 대하듯 말합니다. 내가 여러분에게 젖을 먹이고 단단한 음식을 먹이지 않았습니다. 이것은 여러분에게 그것을 소화시킬 능력이 없었기 때문입니다. 여러분은 지금도 마찬가지입니다. 아직도 여러분은 세상 사람들처럼 살고 있습니다. 여러분 가운데 시기와 다툼이 있는데 어찌 육적인 세상 사람들처럼 행동하는 것이 아니라고 할 수 있겠습니까? 여러분 가운데 어떤 사람은 "나는 바울파다", 또 어떤 사람은 "나는 아볼로파다" 하

고 말한다니 여러분이 세상 사람과 다를 게 무엇입니까? 그렇다면 아볼로는 무엇이며 바울은 무엇입니까? 우리는 주님이 시키신 대로 여러분을 믿게 한 종들에 지나지 않습니다.

"내 말을 들어보게, 디도, 디모데, 그리고 소스데네 자네도. 고린도 교인들은 내가 고린도에 있을 때 교회를 세운 것을 알지 못하네. 나는 교회를 심었고 아볼로는 물을 주었지. 그러나 사실 우리가 한 일은 아무것도 아닐세. 자라나게 하는 분은 하나님이시고, 따라서 하나님이 가장 중요한 분이시네. 고린도 교인들은 이것을 알지 못해. 나는 고린도 교인들이 나와 아볼로가 서로 협력하였음을, 한 사람은 터를 닦고 한 사람은 그 위에 건물을 세웠음을 알았으면 하네. 누가 터를 닦고 누가 건물을 세웠든 고린도 교인들이야말로 자라나는 건물이지."

바울은 내 눈을 들여다보았다. "고린도 교인들은(그리고 아볼로도) 교회를 세울 때 다른 사람이 놓은 기초를 존중해야 함을 알지 못해. 다른 사람이 놓은 기초에 건물을 세울 때에는 주의를 해야 함에도 말이야."

바울의 목소리에는 날이 서 있었다.

"내가 다른 사람이 놓은 기초 위에 건물을 세우지 않는 것은 그래서일세… 나는 복음이 전파되지 않은 곳으로 가네. 다른 사람들은 내가 놓은 기초 위에 건물을 세우고. 종종 주의를 기울이지 않으면서 말일세. 그래도 거기까지는 괜찮아. 하지만 언젠가는 교회에 위기가 닥친다네. 지금 고린도 교회가 바로 그런 상황이지. 베드로 사도가 와서 내가 놓은 기초 위에 건물을 세웠고, 아볼로도 비록 베드로만큼 주의를 기울이지는 않았지만 내가 놓은 기초 위에 건물을 세웠네. 한 가지 분명한 것은 불의 시험을 당하지 않는 교회는 없다는 걸세. 이제 고린도 교회가 불의 시험을 당할 날이 왔네. 갈라디아의 네 교회와 빌립보 교회가 그랬던 것처럼 말일세."

바울은 내게 받아 적으라는 신호를 보냈다.

> 나는 하나님의 은혜로 지혜로운 훌륭한 건축가가 되어 기초를 놓았으며 다른 사람은 그 위에 건물을 세우고 있습니다. 그러나 건물을 세우는 방법에 대하여 각자가 주의해야 합니다.

디도와 나는 바울의 강한 어조에 놀랐다. 바울은 우리의 존재를 의식하지 못한 채 말을 계속했다.

> 이미 놓인 기초는 예수 그리스도이시므로 아무도 다른 기초를 놓을 수 없습니다. 이 기초 위에 건물을 세울 때 금이나 은이나 보석으로 세우는 사람도 있고 나무나 풀이나 짚으로 세우는 사람도 있을 것입니다. 그러나 심판 날에는 각자의 일한 결과가 불로 시험을 받아 밝혀질 것입니다. 만일 세운 것이 불에 타지 않고 남아 있으면 상을 받을 것이나 그것이 타 버리면 상을 잃고 말 것입니다. 그런 사람은 구원을 얻어도 마치 불 속에서 간신히 헤쳐 나온 것과 같을 것입니다.

그런 다음, 바울은 고린도 교인들에게 그들이 하나님의 성전이며, 성령님이 그들 안에 계시다는 것을 이야기했다.

"고린도 교인들은 아주 간단한 사실조차 이해하지 못하고 있는 것 같아."

바울은 이제 아주 빠르게 말하고 있었다.

> 여러분은 아무도 자기를 속여서는 안 됩니다. 여러분 가운데 이 세상에서 지혜롭다고 생각하는 사람이 있으면 정말 지혜로운 사람이 되기 위해서는 어리석은 사람이 되십시오.

바울은 욥기를 인용했다.

> 이 세상의 지혜는 하나님이 보시기에 어리석은 것입니다. 성경에도 "하나님이 약삭빠른 자를 자기 꾀에 빠지게 하신다." 하였습니다.

그리고 시편 94편을 인용했다.

> 또 "주님은 지혜로운 자들의 생각이 헛된 것을 아신다."고 하였습니다.

나는 펜을 내려놓고 바울이 다음 주제로 넘어가기를 기다렸지만, 바울은 이 주제에 대해 할 말이 많았다.

🪶 그러므로 아무도 사람을 자랑하지 마십시오. 만물이 다 여러분의 것입니다. 바울이든 아볼로든 베드로든 모두 여러분의 유익을 위해 존재하는 사람들이며 온 세계뿐만 아니라 생명이나 죽음이나 현재 일이나 장래 일이 다 여러분에게 속하였고 여러분은 그리스도에게 속하였으며 그리스도는 하나님께 속하였습니다.

바울은 하나님의 일꾼들, 특히 교회 개척자들에 대해 많은 말을 해서 나를 당황하게 했다.

🪶 우리는 그리스도를 위해 어리석은 사람이 되었으나 여러분은 그리스도 안에서 지혜로운 사람이 되었고 우리는 약하나 여러분은 강하며 여러분은 존경을 받으나 우리는 천대를 받습니다. 바로 이 시간까지 우리는 굶주리고 목마르고 헐벗고 매맞으며 집 없이 떠돌아다니고 생활비를 위해 수고하며 손수 일해왔습니다. 그리고 욕을 얻어먹어도 축복하고 핍박을 당해도 참고 비방을 받아도 좋은 말로 달래니 지금까지 우리가 세상의 쓰레기와 만물의 찌꺼기처럼 되었습니다. 내가 이것을 쓰는 것은 여러분을 부끄럽게 하려는 것이 아니라 내 사랑하는 자녀처럼 훈계하려는 것입니다. 여러분이 그리스도 안에서 스승은 얼마든지 모실 수 있으나 아버지는 많이 모실 수 없습니다. 나는 여러분에게 기쁜 소식을 전함으로 그리스도 예수님 안에서 여러분의 아버지가 되었습니다. 그러므로 내가 여러분에게 권합니다. 나를 본받으십시오.

"소스데네, 고린도로 돌아갈 때 이 편지를 가지고 가게. 내가 곧 디모데를 보내 그곳의 상황을 알아보도록 하겠네.

디모데, 고린도에 가면 내가 약하다고 말하는 사람들과 내가 몇 번이나 고린도에 오겠다고 해놓고 오지 않았다고 말하는 사람들에게…" 바울은 내게 받아 적으라고 손짓했다.

여러분 가운데는 내가 여러분에게 가지 않을 것으로 생각하고 교만해진 사람들이 있습니다. 그러나 주께서 원하시면 내가 속히 여러분에게 가서 그 교만한 사람들의 말이 아니라 그들의 능력을 알아보겠습니다. 하나님의 나라는 말에 있는 것이 아니라 능력에 있기 때문입니다. 여러분은 어느 것을 더 원하십니까? 내가 매를 가지고 가는 것을 원하십니까? 아니면 사랑과 부드러운 마음으로 가는 것을 원하십니까?

여기서 바울은 또 다른 주제를 끄집어냈다. "이제 도덕적인 문제를 다루기로 하세." 바울이 말했다. 그러나 그 다음에 이어진 것은 긴 침묵이었다.

마침내 바울이 입을 열었을 때 그의 목소리는 떨려나왔다.

"성적 부정의 문제 말일세. 한 형제가 계모와 동거하는데 아무도 여기에 대해 무슨 말을 하거나 어떤 조치를 취하지 않았네."

바울은 강한 어조로 말다. (바울이 말을 매우 빨리 하는 바람에 나는 받아 적기가 힘들었다.) 그는 이번에는 교회에 명령했는데, 이것은 그로서는 매우 드문 일이다.

"이런 사람을 사탄에게 넘겨주어 육체는 파멸되더라도 영은 주님이 재림하시는 날에 구원받게 하십시오."

나는 또다시 바울이 다음 주제로 넘어가려나보다 생각했지만, 바울은 다음과 같이 말을 이었다.

교회 밖에 있는 사람들은 내가 판단할 일이 아닙니다만 교회 안에 있는 사람들에 대해서는 여러분이 판단해서 처리해야 되지 않겠습니까? 교회 밖에 있는 사람들은 하나님이 판단하실 것입니다. 그러므로 그런 악한 사람은 여러분 가운데서 쫓아내십시오.

또다시 긴 침묵이 이어졌다. 이윽고 바울은 마치 다른 사람이 말하는 것처럼 소송에 관한 이야기로 넘어갔다. (잠시 후 바울은 다시 도덕성에 관한 주제로 돌아간다.)

"디도 형제, 고린도 사람들은 누구나 적어도 한 번은 다른 누군가를 고소하는 것처럼 보이는데, 이것은 그 도시의 특성 때문이라는 것을 알아야 하네. 고린도는 교역이 활발하게 이루어지는 도시일세. 따라서 다양한 언어와 문화가 혼재하며, 그렇기 때문에 많은 오해가 빚어진다네. 그 결과 고린도의 법정에는 송사가 줄을 잇지. 그렇지만 그리스도인이 다른 그리스도인을 고소한다?!"

바울은 분개한 목소리로 이 주제에 대해 말하기 시작했다.

몇 분 뒤 브리스길라가 석류 주스와 꿀이 든 빵을 내왔다. 바울은 곧

원기를 회복했다.

"이제 이 질문을 한번 살펴보세." 바울이 말했다.

"이 질문은 사실 한 가지가 아니라 여러 가지라네. 결혼과 독신, 미혼 남성과 미혼 여성, 약혼, 남편과 아내, 과부 등 결혼과 관련하여 생각할 수 있는 모든 것에다 남편과 아내의 관계… 그리고 그 밖의 훨씬 더 많은 것을 포함하고 있지."

바울의 말에는 짜증이 배어 있었지만 그의 눈은 밝게 빛났다.

이제 여러분이 보낸 질문에 대하여 대답하겠습니다. 남자가 여자를 가까이하지 않는 것이 좋습니다.

바울은 많은 시간을 들여 이 질문에 포함된 여러 문제에 답했다. 그러고는 갑작스럽게 말을 마친 뒤 곧바로 채식주의자인 친구와 육식을 하는 친구 사이를 갈라놓은 문제로 넘어갔다.

그 문제는 고린도 시장의 한 정육점에서 시작되었다. (정육점 주인의 이름은 루키우스이고, 그의 가게는 고린도에서 가장 큰 정육점이다.) 바울이 이 사건에서 얼마나 많은 진리를 끌어냈던지, 나는 지금도 그 생각을 하면 놀랍기만 하다. 바울은 이 문제에 대해 이야기한 후 다음과 같이 자신의 생각을 요약하였다.

그렇지만 여러분이 가리지 않고 먹는 자유가 믿음이 약한 사람들에게 걸려 넘어지게 하는 장애물이 되지 않도록 조심하십시오.

지식이 있다는 여러분이 우상의 식당에 앉아 먹는 것을 믿음이 약한 사람이 본다면 그의 양심이 담력을 얻어 그도 우상의 제물을 먹지 않겠습니까? 그렇게 되면 여러분의 지식 때문에 믿음이 약한 그 사람은 망하게 됩니다. 그리스도께서는 그 형제를 위해서도 죽으셨습니다. 이와 같이 여러분이 형제들에게 죄를 짓고 그들의 약한 양심을 상하게 하는 것은 그리스도에게 죄를 짓는 것입니다. 그러므로 음식이 내 형제를 죄 짓게 한다면 나는 내 형제를 죄에 빠뜨리지 않기 위해서 다시는 제물을 먹지 않겠습니다.

브리스길라가 다시 왔다. 이번에는 점심 식사를 가지고서. 우리가 식사를 하는 동안 바울은 골똘히 생각에 잠겨 있었다. 다시 편지를 구술하기 시작했을 때 그의 머릿속에는 질문 목록이 사라지고 없었다. 바울은 고린도 교회 형제들의 비난에 대해 생각하는 중이었다. 이윽고 다시 편지를 구술하기 시작한 그는 자신과 바나바에 대해, 그들이 일생을 오직 예수 그리스도께 헌신했다고 말했다. 그러고는 불쑥 그가 보수를 받지 않는 것에 대해 이야기한 뒤 이로 인해 그를 비난하는 사람들이 있다고 말했다.

내가 자유인이 아닙니까? 사도가 아닙니까? 내가 우리 주 예수님을 보지 못했습니까? 내가 주님을 위해 일한 결실이 바로 여러분이 아닙니까? 내가 다른 사람들에게는 사도가 아닐지라도 여러분에게는 사도입니다.

주님을 믿는 여러분이 내가 사도라는 것을 증거하는 표가 되기 때문입니다. 나를 비판하는 사람들에게 말합니다. 우리에게 먹고 마실 권리가 없습니까? 다른 사도들과 주님의 형제들과 베드로처럼 우리에게도 믿는 아내를 데리고 다닐 권리가 없겠습니까? 어찌 나와 바나바에게만 일하지 않고 먹을 권리가 없겠습니까?

한 번은 유대인들을 향해 말하는 것처럼 보이기도 했다.

모세의 율법에는 "곡식을 밟아 떠는 소의 입에 망을 씌우지 마십시오."라고 기록되어 있습니다. 이것은 하나님이 소를 염려해서 하신 말씀입니까? 전적으로 우리를 위해서 하신 말씀이 아닙니까? 그렇습니다. 이것은 우리를 위해 기록된 것입니다. 밭 가는 사람이나 타작하는 사람은 제 몫을 받을 희망을 가지고 일합니다.
여러분에게 영적인 씨앗을 뿌린 우리가 물질적인 수확을 거둔다고 해서 이것을 지나친 일이라 할 수 있겠습니까? 다른 사람들이 여러분에게 이런 권리를 가졌다면 우리에게는 더욱 큰 권리가 있지 않겠습니까?

그러다가 갑자기 말하는 대상이 바뀌었다.

그러나 우리는 이 권리를 쓰지 않았고 오히려 그리스도의 기쁜 소식을 전하는 일에 조금이라도 지장이 될까봐 모든 것을 참아왔습니다.

바울은 또 다른 예를 들었는데, 이번에는 성전에서 일하는 사람들에 관한 이야기였다. 그는 성전에서 일하는 사람들이 제단에 바쳤던 음식을 먹지 않느냐며 제사장들이 제물의 일부를 취한다는 것을 분명히 했다. 바울은 또한 주님도 복음을 전하는 사람들은 그 일을 통해 먹고살 수 있도록 하셨다고 말했다. 한순간 나는 바울이 마음을 바꿔 보수를 받기로 한 게 아닐까 생각했지만, 그것은 잘못된 생각이었다.

> 그러나 나는 이런 권리를 하나도 사용하지 않았습니다. 그리고 여러분이 나에게 그렇게 해달라는 뜻에서 내가 이 말을 하는 것이 아닙니다. 나는 죽는 한이 있더라도 내가 자랑으로 여기는 것을 아무도 헛되게 하지 못하게 할 것입니다.

나는 웃음을 참느라고 무진 애를 써야 했다. 하지만 바울은 매우 빠르게 말하고 있었고, 그의 말은 확신에 찬 것이었다.

> 내가 기쁜 소식을 전할지라도 자랑할 것이 없는 것은 내가 반드시 해야 할 일이기 때문입니다. 만일 내가 기쁜 소식을 전하지 않으면 나에게 불행이 닥칠 것입니다.
> 내가 자발적으로 이 일을 한다면 보수를 받아야 하겠지만 자발적이 아니더라도 나는 당연히 해야 할 직분을 맡은 것입니다. 그렇다면 내가 받을 보수는 무엇입니까? 그것은 내가 기쁜 소식을 전할 때 값없이 전하는 것과 나의 당연한 권리를 쓰지 않는 그것입니다.

그런 다음 바울은 그가 보수를 받지 않는 주된 이유를 한 문장으로 설명했다.

> 나는 아무에게도 매이지 않았으나 더 많은 사람을 얻으려고 스스로 모든 사람의 종이 되었습니다.

여기 사역자의 기준을 이전보다 훨씬 더 높인 사람이 있다. 그는 다음과 같이 그의 생각을 정리했다.

> 내가 내 몸을 쳐서 복종시키는 것은 내가 남에게 전도한 후에 오히려 나 자신이 버림을 당할까 두렵기 때문입니다.

이제 바울은 고린도 교인들의 질문 목록에 대해서는 완전히 잊고 있었다. 그는 질문들에 대한 생각에서 벗어나 자기 마음을 쏟아냈다. 그리고 마음속 깊은 곳에 있는 고통의 일부를 내보였다. 하지만 이것 역시 고린도 교인들이 영적인 것들을 보다 높은 차원에서 이해할 수 있도록 돕기 위한 것이었다.

그런 다음 바울은 보다 일반적인 주제로 넘어갔다. 그는 신자들 개개인에게 이야기하기보다는 교회를 향해, 마치 교회가 사람인 것처럼 이야기했다.

바울은 오래 전에 광야에서 사람들이 모세에게 반항했을 때 어떤 일이 일어났는지를 상기시킨 뒤 이렇게 말했다.

> 이런 일이 일어난 것은 우리도 그들처럼 악을 좋아해서는 안 된다는 것을 경고하고자 함입니다.

디도와 나는 바울의 말을 끊고 여기에 대해 바울과 토론하고 싶었다. 바울도 그런 우리의 마음을 알아차렸지만, 그는 멈추지 않고 계속해서 편지를 구술했다. 그렇긴 해도 그는 자신의 의도가 우리에게 통했으면 고린도 교인들에게도 통할 것이라 여기고 만족해하는 듯했다.

우리는 수백 년 전에 일어난 일이 우리에게 경고하기 위해 일어났다는 사실에 놀라지 않을 수 없었다.

바울은 그가 말하고자 하는 바를 힘주어 되풀이했다.

> 그들이 당한 이런 일들은 다른 사람들에게 본보기가 되었으며 세상 끝날을 눈앞에 둔 우리에게 하나의 경고로서 기록되었습니다.

그런 다음 바울은 고린도 교인들에게 우상 숭배를 피하라고 간청했다.

> 그렇다면 우상의 제물이나 우상은 아무것도 아니지 않습니까? 그러나 이방인들이 제사하는 것은 귀신에게 하는 것이지 하나님께 하는 것이 아닙니다.

그 말에 나는 펜을 떨어뜨렸다. "귀신?!"

토론이 이어졌다. 바울은 그가 훈련시키는 젊은이들이 새로운 것들을 알아가는 것을 보며 즐거워하는 듯했다.

나는 바울이 생각의 흐름을 계속 이어갔으면 했지만 그는 앞서 이야기한, 채식주의자 친구와 육식을 하는 친구 사이의 갈등에 관한 문제로 돌아갔다.

> 시장에서 파는 고기는 무엇이든 양심에 거리낌없이 먹어도 됩니다.

그러고는 시편 24편을 인용했다.

> 이것은 땅과 그 안에 있는 모든 것이 다 주님의 것이기 때문입니다.

바울은 이 주제를 조금 더 이어가면서 믿지 않는 사람의 식사 초대를 받았을 때 어떻게 해야 하는지에 대해 이야기했다. 나는 바울이 대단히 높고 고상한 이상에 도달했다고 느꼈다. 그때 방 안에 있던 사람 중 누구도 바울의 다음과 같은 말을 잊을 수 없을 것이다.

> 내 자유가 남의 양심으로 판단을 받아야 할 이유가 무엇입니까? 감사하고 먹으면서 왜 내가 감사하는 그 음식 때문에 남의 비난을 받아야 합니까? 그러므로 여러분은 먹든지 마시든지 무엇을 하든지 모든 것을 하나님의 영광을 위해 하십시오. 유대인에게나 이방인에

게나 하나님의 교회에 여러분은 거치는 돌이 되지 마십시오. 여러분도 나처럼 매사에 모든 사람을 기쁘게 하도록 노력하십시오. 나는 나 자신의 유익을 생각하지 않고 많은 사람들의 유익을 생각하여 그들이 구원을 얻도록 애쓰고 있습니다.

그 다음에 바울이 택한 질문은 우리가 두려워하던 것이었다. 그것은 머리카락과 관련이 있었다. 누군가는 상처 받을 게 분명했다.

"이런 질문은 놀랍지도 않네… 하지만 해결책이 없어! 고린도에는 다양한 문화가 상충한다네. 문화와 관련해서는 누구도 다른 사람의 문화적 견해를 이해하지 못하지."

바울은 말을 계속했다.

"문제는 이렇다네. 고린도 교회의 아시아인들은 모든 여자가 머리를 가리기 원하네. 모든 아시아 여자가 그렇게 하니까! 반면에 그리스인들은 결혼하지 않은 여자는 머리를 가리지 않아도 되지만 결혼한 여자는 머리를 가려야 한다고 생각하지. 이것은 그리스의 풍습이라네. 그리고 고린도 교회의 로마 여자들은 결혼을 했든 하지 않았든 머리를 가리려 하지 않네. 이탈리아 여자들은 머리를 가리지 않기 때문일세.

유대인들도 논쟁에 가세했지만, 그들은 교회 안에서의 여성의 지위에 대해서만 관심을 보였네. 그들은 남자가 여자보다 먼저 창조되었고 또 여자는 남자에게서 났으므로 여자가 남자의 권세 아래 있다고 주장하지. 그게 유대의 가르침이라네. 성경에서는 뭐라고 하느냐고? 그건 자네들 셋이 알아보기 바라네. 이 주제에 대해 가말리엘이 한 말이 떠오르는군. 하지만 그것은 성경에 대한 한 사람의 해석에 기초한 것이었네.
물론 또 다른 관점도 존재하네, 보다 높은 차원의…."
바울이 미소 지었다.
"유대인들은 여자가 남자에게서 났다고 말하지. (그때 이후로) 모든 남자가 여자에게서 났다는 이야기는 하지 않네.
자네들도 알겠지만 사실 이 질문은 두 가지를 묻고 있네. 첫째, 고린도 교인들은 다른 이방 교회들에서는 어떻게 하는지 알고 싶어 하네! 다른 교회들에서는 여기에 대해 생각조차 안 하는데 말일세. 둘째, 고린도 교인들은 내 의견을 알고 싶어 하네. 과연 여자들은 머리를 가려야 할까? 여기에 대해 내겐 아무런 의견이 없네. 하지만 이제부터 의견을 가져야 할 것 같군그래."
바울은 여기에 대한 유대인들의 생각과 그리스인들의 생각을 나타내는 구절을 인용하면서 이 주제를 파고들었다.
그는 남자가 여자에게서 난 것이 아니라 여자가 남자에게서 났다는 옛말을 인용한 뒤 이를 새로운 창조의 관점에서 바라보았다. 이 새로운 창조의 관점은 옛 창조의 관점과도 다르고 유대인들의 관점이나 그리스인들의 관점과도 달랐다.

> 그러나 주님 안에서는 남자 없이 여자가 있을 수 없고 여자 없이 남자도 있을 수 없습니다.

바울은 이렇게 덧붙였다.

그리고 모든 것은 하나님에게서 왔습니다.

"다른 이방 교회들에서는 여자가 머리를 가리거나 가리지 않는 것에 대해 어떻게 가르치느냐고? 다른 교회들에서는 이런 문제에 대해 생각조차 하지 않는다는 것을 그리스인들은 알지 못한단 말인가?"

슬픔과 유머가 뒤섞인 한순간이 지난 후 바울은 그 다음 질문을 바라보았다. 나는 그 질문이 바울을 불쾌하게 했음을 알 수 있었다.

바울은 질문 목록을 내려놓았다.

"고린도의 형제들이 우리에게 했던 이야기를 기억하나? 성찬에 관한 이야기 말일세."

그 말에 우리 셋은 모두 고개를 떨궜다.

"그건…" 소스데네가 신음 소리를 냈다.

우리는 속으로 바울이 그 사건(신자들이 저녁식사를 함께할 때 있었던 그 부끄러운 사건)에 대해 이야기하지 않기를 바랐었다.

우리는 그날의 모임이 어떠했는지는 모르지만 이것만은 안다. 어떤 사람들은 술에 취했고, 어떤 사람들은 과식을 했고, 어떤 사람들은 아무것도 먹지 못했다!

비극은 이 모든 부끄러운 일들이 일어나는 와중에 성찬이 행해졌다는 것이다. 바울은 슬퍼하는 동시에 분노했다. 우리는 그의 단호한 어조에 놀라지 않았다.

 형제 여러분, 그러므로 여러분은 성찬을 위해 모일 때 서로 기다리십시오. 누구든지 배가 고픈 사람은 집에서 먹도록 하십시오. 이것은 여러분의 모임이 하나님의 심판을 받지 않기 위해서입니다.

말을 마친 바울은 진이 빠진 듯했다. 그는 질문 목록을 다시 한 번 들여다본 뒤 자리에서 일어났다.

"이걸로 됐네. 그 밖의 질문들에는 답하지 않겠네… 나머지 질문들에 대해서는 고린도에 가서 직접 답할 생각이야." 바울은 이렇게 말한 뒤 문 쪽으로 향했다.

"선생님, 나머지 질문들에 대해 답을 하지 않을 생각이시라면 고린도 교인들에게 그렇게 말해야 하지 않을까요?" 소스데네가 물었다.

"그렇지, 물론일세!" 바울은 나를 바라보며 다음과 같이 말했다.

 그 밖의 문제에 대해서는 내가 그곳에 가서 말하겠습니다.

바울은 다시 한 번 문 쪽을 바라보았다. "날이 좋구먼. 잠시 교외로 나가 들길을 걷다 오세나."

그때는 오후였다.

나, 디모데는 우리가 산책에서 돌아왔을 때, 바울이 이제껏 그 누구도 들어본 적이 없는 아름다운 시(그리스어로 된!)를 들려주리라고는 상상도 하지 못했다. (누가 아볼로가 바울보다 말을 잘한다 했던가.)

이 놀랍도록 아름다운 시의 내용을 알아보는 것은 흥미로운 일이 될 것이다.

29
고린도 교회에 보낼 편지를 마무리하다

"다들 앉게." 바울이 말했다. "밤이 되기 전에 편지를 마무리할 수 있을 것 같네.

이제 은사에 대한 몇몇 고린도 교인들의 오해에 대해 이야기할 차례일세. 내 생각에 그들은 자신들에게 주어진 은사를 그들이 생각하는 만큼 아름답게 사용하고 있는 것 같지 않아." (바울은 성찬이 행해지던 그 저녁식사 모임처럼 때로 통제가 안 되는 소란스러운 모임에 대해 말하고 있었다.)

바울은 고린도 교인들의 모임이 두세 사람이 동시에 말하고 다른 사람들은 방언을 하는 등 혼란스러울 때가 많다고 설명했다. 불행히도 고린도 에클레시아에는 다른 사람들에게 그리스도를 전할 수 있는 사람이 거의 없었다. 확실히 바울이나 베드로가 했던 방식으로(심지어 아볼로가 했던 방식으로도) 전할 수 있는 사람은 없었다.

고린도 교인들은 다양한 언어를 사용했기 때문에 종종 통역이 필요했고, 게다가 방언을 하는 사람까지 있어서 소란하기 그지없었다. 몇몇 사람들이 동시에 말을 하고 다른 사람들은 방언을 하는 가운데 통역의 나지막한 목소리까지 더해지면… 결과는 일대 혼란이었다. 방언은 아름답기는 했지만, 어떨 때는 통제 불능이었다.

"여기에 자만심의 문제까지 더해졌어. 어떤 사람들은 자신이 특별한 은사, 다른 사람들보다 더 나은 은사를 받았다고 생각하네. 하지만 그렇기 때문에 자신이 특별하다고 믿는다면 그것은 크게 잘못된 것일세."

나는 바울의 말을 받아 적는 동안에도 그가 교회의 문제를 다루는 방식에 놀랐다. 바울은 그리스도의 몸, 즉 교회를 인간의 몸에 비유하여 설명했는데, 이는 내분을 겪는 교회에 대단히 유용한 가르침이었다. 바울은 은사에 관한 이야기를 간곡한 권면의 말로 마무리했다.

여러분은 그리스도의 몸이며 여러분 한 사람 한 사람은 그 몸의 각 지체입니다. 그리고 하나님은 교회 안에 이런 지체들을 세우셨는데

첫째는 사도요

둘째는 예언자이며

셋째는 교사요

그 다음은 기적을 행하는 사람,

다음은 병 고치는 사람,

남을 돕는 사람,

다스리는 사람,

방언을 하는 사람들입니다.

모든 사람이 다 사도나 예언자나 교사나 기적을 베푸는 사람은 될 수 없지 않습니까? 또 모든 사람이 다 병을 고치거나 방언을 하거나 통역할 수도 없지 않습니까?

바울은 말을 마친 뒤 벽에 기대 눈을 감고는 이렇게 덧붙였다.

여러분은 더욱 큰 은혜의 선물을 사모하십시오. 나는 여러분에게 더 좋은 길을 보여드리겠습니다.

그 다음에 이어진 것은 시였다. 아마도 그리스어로 쓰인 가장 아름다운 시일 것이다. 우리 셋은 모두 무언가 특별한 일이 일어나리라는 것을 알고 있었지만 그것이 무엇인지는 알지 못했다.

'아마 은사보다 더 좋은 무언가에 대해 말씀하실 거야. 그게 뭘까?' 나는 속으로 생각했다.

갑자기 바울이 노래하기 시작했다. 그것은 그리스어로 된 시, 한 편의 장엄한 시였다. 오직 디도만이 전에 그 시를 접한 적이 있지만, 디도도 바울이 그 시를 노래하는 것을 딱 한 번 들어보았을 뿐이다.

"바울 선생님은 구원받고 나서 며칠 뒤에 이 시를 쓰셨지… 율법주의를 (영구히) 내려놓은 후에." 디도가 속삭였다.

바울이 노래를 마칠 때쯤 우리는 모두 울고 있었다.

"내가 다시 한 번 불러볼 테니 받아 적게, 디모데 형제."

✒︎ 내가 사람의 방언과 천사의 말을 하더라도 사랑이 없으면 소리 나는 놋쇠와 울리는 꽹과리에 지나지 않습니다. 내가 예언하는 능력을 가졌고 온갖 신비한 것과 모든 지식을 이해하고 산을 옮길 만한 믿음을 가졌다 하더라도 사랑이 없으면 아무것도 아닙니다.

그 순간 나는 바울이 고린도 교회의 주된 문제를 다루고 있음을 깨달았다.

✒︎ 내가 가지고 있는 모든 것을 가난한 사람들에게 나눠주고 또 내 몸을 불사르게 내어준다고 해도 사랑이 없으면 그것이 나에게 아무 유익이 되지 않습니다.
사랑은 오래 참고 친절하며 질투하지 않고 자랑하지 않으며 잘난 체하지 않습니다. 사랑은 버릇없이 행동하지 않고 이기적이거나 성내지 않으며 악한 것을 생각하지 않습니다. 사랑은 불의를 기뻐하지 않고 진리와 함께 기뻐합니다. 사랑은 모든 것을 참으며 모든 것을 믿으며 모든 것을 바라고 모든 것을 견딥니다.
사랑은 결코 없어지지 않습니다. 그러나 예언도 없어지고 방언도 그치고 지식도 사라질 것입니다. 우리가 부분적으로 알고 부분적으로 예언하지만 완전한 것이 올 때에는 부분적인 것이 없어질 것입니다. 내가 어렸을 때에는 어린아이처럼 말하고 생각하고 판단하였으나 어른이 되어서는 어렸을 때의 일을 버렸습니다. 우리가 지금은 거울을 보는 것같이 희미하게 보지만 그때에는 얼굴과 얼굴을 맞대고 볼 것이며 지금은 내가 부분적으로 알지만 그때에는 하나님이 나를 아신 것처럼 내가 완전하게 알게 될 것입니다. 그러므로 믿음, 희망, 사랑, 이 세 가지는 항상 남아 있을 것이며 그 중에 제일 큰 것은 사랑입니다.

내가 고개를 들어 보니 디도의 눈시울이 붉었다.

"아볼로의 웅변에 비할 바가 아니네그려!" 소스데네가 목멘 소리로 말했다. "디도, 바울 선생님과 함께 부르지 않겠나?"

"아니," 디도가 말했다. "하지만 자네가 부르면 따라 부르겠네." 그리하여 우리 넷은 함께 노래했다. 그런 뒤 고개를 숙이고 주님께 우리의 마음을 쏟아놓았다. 바울은 누구보다 뜨겁게 기도했다.

바울이 다시 무슨 말을 하기까지는 한 시간이 걸렸다. 나는 바울만큼 높은 경지에 이른 사람도 없을 것이라고 생각했다. 그는 이번에는 고린도 교회에 예수 그리스도를 선포할 사람이 충분치 않다는 사실에 대해 이야기했다.

바울은 다시 한 번 완벽한 언어를 구사하였다.

형제 여러분, 내가 여러분에게 가서 방언으로만 말하고 계시나 지식이나 예언이나 교훈을 말하지 않는다면 여러분에게 무슨 유익이 되겠습니까? 피리나 거문고와 같은 생명 없는 것이 소리를 낼 때 명확하게 구별된 소리를 내지 않으면 피리 부는 것인지 거문고 타는 것인지 어떻게 알겠습니까? 만일 나팔이 분명한 소리를 내지 않으면 누가 전쟁 준비를 하겠습니까? 여러분도 마찬가지입니다. 여러분이 혀로 알아듣기 쉬운 말을 하지 않는다면 그 말을 누가 이해하겠습니까? 그렇게 되면 결국 허공에다 말하는 셈이 됩니다.

고린도 교회에는 다양한 문화와 언어가 혼재하면서 서로 충돌을 일으키고 있었다. 여기에다 호기심에서 오는 고린도인들은 물론, (매일 항구에 10여 척의 배가 들어오는 도시인 만큼) 방문객도 많았다. 바울은 고린도 교인들에게 현지인이 모임에 참석했을 때 외국에 온 것처럼 느끼지 않도록 모임을 질서 있게 하라고 간청했다.

이는 바울의 강한 신념을 반영한다. 바울은 키프러스에서 한 이방인이 유대인 신자들의 모임에 참석했을 때 마치 외국(이스라엘)에 온 듯한 느낌을 받은 일을 잘 기억하고 있었다. 그리하여 바울은 거듭거듭 이렇게 말했다. "모든 교회는 그 지역에 고유한 특성을 지니고 있어야 합니다. 교회는 현지 문화를 반영해야 합니다. 그 지역에서 나고 자란 사람이 모임에 왔을 때 외국에 온 것 같은 인상을 받아서는 안 됩니다."

이렇게 권면하면서 바울은 다시 한 번 이사야를 인용했다.

> 율법에서도 "알아들을 수 없는 이상한 말을 지껄여대는 외국 사람을 통해 내가 이 백성에게 말해도 그들은 내 말을 듣지 않을 것이다."라고 주께서 말씀하셨습니다.

그런 다음, 바울은 매우 실제적인 충고를 이어갔다. 사람이 어떻게 그렇게 실제적인 동시에 영적일 수 있는지, 나로서는 놀라울 따름이다. 내가 보기에 다소의 바울은 모든 문제에 대해 모든 방면에서 이야기할 수 있는 완벽한 그리스도인 사역자였다… 실제적인 해결책과 영적인 해결책이 마치 하나이기라도 한 것처럼 그 두 가지를 동시에 제공하는….

바울이 미소를 지었다.

"만약 브리스길라 자매님이 고린도에 살고 있다면 그 다음 질문은 브리스길라 자매님이 한 것이라고 생각했을 걸세."

"유대인 회당과 관련이 있는 질문인가요?" 디도가 웃음을 터뜨렸다.

"아닐세." 바울이 대답했다. "하지만 비슷해. 디도, 자네는 시리아에서 여자들이 집회에서 발언할 수 없도록 한 법 규정에 대해 들어본 적이 있나?"

"당연히 없지요." 디도가 특이한 질문에 살짝 당황하며 말했다. "우리 유대인들은 율법을 사랑합니다. 우리에게는 수백 가지의 율법 조항이 있지만, 여자들이 연설을 하지 못하게 막거나 하지는 않아요. 우리 유대인들에게는 드보라라는 이름의 사사도 있었지요. 드보라는 사람들에게 연설을 했을 뿐만 아니라 그들을 다스렸습니다!"

"아, 그렇지만 그리스에는 여자들의 발언을 금하는 법이 있다네!" 바울이 말했다. "여자들은 집회에서 발언할 수 없네. 이를테면 이런 식이지. 시의회에서 사람들이 나와서 집회가 열릴 예정이라고 소리치면 관심 있는 남자들이 시장의 연단 주변에 모여든다네. 그러고는 장시간에 걸친 토론이 시작되지. 남자들이 줄지어 연설을 하고 질문에 질문을 거듭하면서 모임은 여러 시간… 때로는 하루 종일 계속된다네."

"그런데 여자들은 아무 말도 할 수 없다고요?" 디도가 물었다.

"한마디도! 남편에게 귓속말을 하는 것조차 허용되지 않는다네. 세속적인 모임에서든 관에서 주도하는 모임에서든 여자는 말을 해서는 안 되네. 그런 모임에서 말을 하는 것은 남편을 욕되게 하는 행동이기 때문이지.

그렇지만 고린도 교회에는 로마 여인들이 있잖나. 그들은 여자들이 말을 하지 못하게 한다고 그리스인들에게 화가 나 있지. 여기 고린도 교인들이 써 보낸 질문이 있네. 내가 읽어주겠네. '우리 신자들은 모든 율법에서 자유롭습니다. 그러므로 우리 여자들이 세속적인 모임에서 그리스 법 조항을 어기고 자유롭게 말해도 되는 것 아닐까요? 적어도 관에서 주도하는 모임에서 질문이라도 할 수 있지 않을까요? 어쨌거나 여자들이 주님의 에클레시아에서 말하는 것은 되는데 인간의 모임에서 말하는 것은 안 되나요?'"

"합리적인 질문 같은데요." 디도는 이렇게 말한 뒤 가볍게 덧붙였다.

"만약 여자가 광장에서 연설하면 그 여자를 감옥에 가두나요? 제 생각에는 믿는 여자가 모임에서 발언하고 기꺼이 감옥에 가고자 한다면 그렇게 하는 게 맞는 것 같습니다만…."

"감옥에 가두거나 하지는 않는다네." 바울이 대답했다.

"다만 그 남편이 수치를 당할 뿐이지. 로마인 남편이 그리스 에클레시아에서 수치를 당하는 것을 어떻게 받아들일지 한번 상상해보게나!"

바울은 왜 여자(주님의 에클레시아에서 말할 수 있는)가 그리스 법에 따라 인간의 모임에서는 말하지 말아야 하는지 설명하면서 참을성 있게 질문에 대한 답을 구술했다.

말을 마친 뒤, 바울은 다시 한 번 갑작스럽게 화제를 바꿨다. 그 다음에 이어지는 그의 말은 퉁명스러웠다. 바울은 하나님께로부터 특별한 은사를 받았다고 생각하는 사람들에게 말했다. 이 사람들은 자신의 영적 능력에 우쭐하여 많은 문제를 일으키고 있었다. (한 형제는 자신이 설교를 매우 잘한다고〈바울보다 더 잘한다고〉 생각했다. 그리고 이 같은 능력 때문에 교만해져서 교인들로 하여금 바울이 아니라 아볼로를 따르게 하려고 애쓰는 중이었다.)

바울은 그런 사람들에게 다음과 같이 말했다.

누구든지 자기를 예언자나 영적인 선물을 받은 자로 생각하는 사람은 내가 여러분에게 한 말이 주님의 명령이라는 것을 아십시오. 누구든지 이것을 인정하지 않으면 그도 인정받지 못합니다.

그러므로 형제 여러분, 여러분은 예언하는 것을 사모하더라도 방언하는 것을 막지 마십시오. 다만 이 모든 것을 적당하고 질서 있게 하십시오.

"이제 마지막 질문이 남았네." 바울이 말했다.

"아무래도 내가 데살로니가에서 한 실수를 고린도에서도 한 것 같아. 나는 부활에 대해 아무 말도 하지 않았는데, 이것이 데살로니가 교회에 혼란을 불러일으킨 한 가지 원인이 되었지. 이제 고린도에서도 같은 일이 일어나지 않도록 그리스도의 부활에 대해 이야기해야겠네. 우리가 부활하면 어떤 몸을 갖게 될 것 같은가?"

나, 디모데가 여러분에게 말하건대, 만약 바울이 고린도 교회에 보내는 편지의 사본을 읽게 된다면 다음 구절에 주목하기 바란다. 여기서 바울은 하나님이 모든 것이 되시고 또 모든 것 안에 계시는 그런 날에 대해 이야기하고 있다.

바울은 주 예수님의 부활과 우리의 부활에 대해 이야기한 뒤 구원받은 사람들이 부활할 때 어떻게 될지 설명하였다.

이것은 내 개인적인 생각이지만, 그날 바울이 한 말 중 가장 심오하고 신비로운 것은 시편 8편에서 인용한 다음과 같은 말이다.

그리고 멸망 받을 최후의 원수는 죽음입니다. 성경은 "하나님이 모든 것을 그의 발 아래 복종하게 하셨습니다."라고 말합니다. 그러나 모든 것을 그의 발 아래 복종하게 하셨다고 말할 때 모든 것을 그리스도에게 복종시키신 하나님은 여기에 포함되지 않은 것이 분명합니다. 하나님이 이렇게 하신 때에는 아들 자신도 모든 것을 그에게 복종시키신 분에게 복종하게 되어 결국 하나님만이 만물을 다스리시게 됩니다.

이 구절은 나, 디모데가 하나님의 백성들에게 선포한 모든 것의 지침이 되었다.

이어서 바울은 우리가 부활할 때 받을 영광스러운 몸에 대한 이야기로 옮겨갔다. 그리고 창세기 2장의 한 구절을 인용하였다.

첫 사람 아담은 땅에서 흙으로 빚어졌지만 둘째 사람 예수님은 하늘에서 오셨습니다.

바울은 편지의 이 부분을 다음과 같은 말로 끝맺었다.

이런 일이 일어날 때에는(우리의 썩어질 몸이 결코 썩지 않을 몸으로 바뀔 때에는) 다음과 같은 성경 말씀이 이루어질 것입니다.
"승리가 죽음을 삼켜버렸다. 죽음아, 너의 승리가 어디 있느냐? 죽음아, 네가 쏘는 것이 어디 있느냐?"
죽음이 쏘는 것은 죄이며 죄의 힘은 율법입니다. 그러나 우리 주 예수 그리스도를 통해 우리에게 승리를 주시는 하나님께 감사합니다.
나의 사랑하는 형제 여러분, 그러므로 굳게 서서 흔들리지 말고 항상 주님의 일에 열심을 다하십시오. 주님을 위한 여러분의 수고는 결코 헛되지 않을 것입니다.

바울의 편지 말미를 보면, 그가 늘 매우 실제적인 조언으로 편지를 마무리하고 있음을 알 수 있다. 고린도 교회에 보내는 편지의 경우, 그는 이스라엘에 기근이 들어 예루살렘의 가난한 신자들이 고통 받고 있음을 언급하면서 그들을 도울 방법에 대해 이야기하고 있다.

베드로는 고린도에 있을 때 고린도 교인들에게 예루살렘의 노인들이 겪는 어려움에 대해 이야기했고, 여기에 대해 고린도 교인들은 즉각 반응했다. 그 후 이스라엘의 가뭄은 더욱 심해져서 바울은 모든 이방 교회에 이스라엘을 도울 것을 요청했다. 그는 모든 이방 교회에 편지를 보내, 예루살렘에 보낼 헌금을 따로 떼어놓으라고 요청하기까지 했다. 고린도 교회는 도움을 약속한 첫 번째 교회였기 때문에 바울은 헌금을 모금함에 있어서 고린도 교회가 다른 이방 교회들의 모범이 되기를 바랐다.

> 예루살렘 교회 성도들을 돕기 위한 헌금에 대해서는 내가 갈라디아의 여러 교회에 지시한 것과 같이 여러분도 그렇게 하십시오. 여러분은 일요일마다 각자 자기 수입에 따라 얼마씩 따로 떼어 놓아서 내가 갈 때 헌금을 거두지 않도록 하십시오. 내가 그곳에 가면 여러분이 인정하는 사람들에게 내 소개 편지를 주고 그들을 보내서 여러분의 헌금을 예루살렘에 전하도록 하겠습니다.

바울의 그 다음 말은 많은 고린도 교인들의 기대에 반하는 것이었다. 바울은 에베소를 떠나 그리스 북부로 가서 한동안 그곳에 머물다가 고린도로 갈 예정이라고 말했다. (바울은 오순절까지는 에베소에 머물고 싶어 했는데, 그것은 복음을 전할 문이 활짝 열렸기 때문이다. 그리고 그 후에는 빌립보로 갈 생각이었다. 나중에 바울은 곧 고린도로 오겠다고 해놓고 약속을 지키지 않았다고 몇몇 사람들로부터 비난을 받았다.)

그런 다음, 바울은 아볼로에 대해 매우 긍정적으로 이야기했다. (바울로서는 매우 힘든 일이었을 테지만, 그는 늘 은혜가 넘치는 사람이었다.) 그리고 이렇게 덧붙였다.

> 형제 여러분, 여러분도 알고 있겠지만 스데바나의 가정은 아가야 지방에서 제일 먼저 믿었으며 또 성도들을 섬기는 일에 몸 바쳐

일해 왔습니다. 그러므로 여러분은 이런 사람들과 또 그들과 함께 일하며 수고하는 사람들에게 순종하십시오. 스데바나와 브드나도와 아가이고가 와서 기쁩니다. 그들은 여러분이 못다 한 것을 보충해주었습니다.

바울은 그가 처음 에베소에 도착했을 때, 다른 교회들이 도와주었으면 좋았을 것이라고 말하고 있는 것일까? 아니면 고린도 교회가 에베소에서의 사역을 위해 헌금을 보내지 않은 것에 대해 말하고 있는 것일까? 알 수 없는 일이다.

> 그들이 나와 여러분의 마음을 시원하게 하였으니 그런 사람들에게 고맙게 생각하십시오.

편지의 마지막 부분을 쓰기란 바울에게는 늘 어려운 일이었다. 편지를 끝맺으면서 그 교회와의 교제도 끝내야 할 것처럼 느껴졌기 때문이다.

마지막으로, 바울은 에베소 교회와 소아시아 여러 교회들이 보내는 인사를 전했다. 브리스길라와 아굴라 부부가 고린도에 오래 살았고 또 고린도 교인들이 그들을 많이 사랑했기에 브리스길라와 아굴라 부부의 인사도 포함시켰다.

> 아시아의 여러 교회가 여러분에게 문안합니다. 아굴라와 브리스길라가 그들의 집에서 모이는 교회 성도들과 함께 주 안에서 여러분에게 진심으로 문안하고 이곳에 있는 모든 형제가 여러분에게 문안

합니다. 여러분도 주님 안에서 따뜻한 인사를 서로 나누십시오.

(어쩌면 바울은 그와 여덟 명의 젊은이와 브리스길라와 아굴라 부부가 에베소에 도착했을 때, 그 일대에 교회가 하나밖에 없었음을 상기시키고 있는지도 모르겠다.) 바울은 방에서 나갔다. 브리스길라가 그에게 하고 싶은 뭔가 중요한 말이 있는 듯했다. 잠시 후 그는 다시 방으로 들어왔다.

바울은 내게 펜과 종이를 달라고 손짓했다. 그는 방 안을 밝힌 횃불 가까이로 상체를 기울이고는 눈을 가늘게 뜨고 커다란 글씨로 이렇게 썼다.

 나 바울은 손수 이 문안의 글을 씁니다.

그러고는 편지를 다시 내게 주어 마지막 말을 받아 적도록 했다.

누구든지 주님을 사랑하지 않으면 저주를 받을 것입니다. 마라나다–우리 주님이 오십니다! 주 예수 그리스도의 은혜가 여러분과 함께하고 나의 사랑이 그리스도 예수님 안에 있는 여러분 모두에게 함께하기를 기도합니다.

긴 하루가 끝났다. 바울은 너무나 자주 그의 마음을 상하게 하고 또 너무나 자주 그에게 기쁨을 안겨준 교회에 그의 마음을 쏟아놓았다.
이제 남은 일은 고린도 교회에 편지를 전달하는 것뿐이었다. 그러나 그 다음에 일어난 일은 모든 것을 바꿔놓았다.

(그로부터 며칠 뒤에 소요가 일어났다.)

우선 블라스티니우스의 추종자들이 고린도에 도착했다는 소식이 바울을 놀라게 했다. 게다가 칼잡이들이 바울을 암살하려고 그리스로 오고 있다는 소식도 들려왔다. 이 모든 것으로 인해 바울은 계획을 바꿨다. 소스데네가 편지를 가지고 고린도로 떠난 뒤, 디모데가 아니라 디도를 보내 고린도 교회의 상황을 살펴보고 바울에게 보고하게 하기로 한 것이다.

바울이 이 새로운 계획을 디도에게 알리자 디도는 거세게 항의하였다.

"저는 그리스에 가본 적이 없어요. 그리스 생활에 대해서는 아무것도 모른다고요."

"그래서 안 가겠다는 건가?" 바울이 물었다.

"그건 아니지만… 하지만 디모데를 데살로니가에 보내셨을 때 디모데가 한 말을 저도 여쭙고 싶어요. '만약 제가 잘해내지 못한다면 그것은 선생님 잘못인가요, 제 잘못인가요?'"

디도가 고린도로 떠나는 단순한 행위는 바울의 평생에 가장 큰 고통을 안겨주었다. 디도가 고린도에서 돌아오는 길에 행방이 묘연해졌기 때문이다. 모든 증거가 디도가 칼잡이들에게 희생되었음을 가리켰다.

그러나 그 모든 것은 미래의 일이다.

지금 당장은 디도가 고린도로 가는 것과 브리스길라와 아굴라 부부가 로마로 가는 것에 관심이 집중되었다.

편지 쓰기를 마친 뒤, 바울은 다음날 두란노 서원에서 매우 중요한 모임이 있다고 말했다. "브리스길라 자매님이 놀랄 만한 소식을 알려왔다네."

30
브리스길라가 로마에 집을 구하다

"브리스길라 자매님이 로마에 집을 샀다는군. 우리가 바라던 대로 아벤티누스 언덕에 있는 집이지." 바울이 말했다.

"보지도 않고 집을 사요?" 가이오가 물었다.

"그 반대일세. 브리스길라 자매님은 그 집에 자주 초대받아 갔었기 때문에 그 집을 잘 안다네. 그래서 거래도 쉽게 이루어진 거고." 바울이 설명했다.

"형제자매들이 모이기 편한 위치에 있고 많은 사람들이 모이기에 적당한 집이라더군. 브리스길라 자매님과 아굴라 형제님은 곧 로마로 떠날 걸세. 오늘은 모든 이방 교회에 편지를 써야겠네. 즉시 로마로 사람들을 보내달라고 말일세. 브리스길라 자매님은 이미 로마에서 그 집을 찾는 방법을 자세히 써두었네. 마침내 모든 게 제자리를 찾은 거지. 드디어 이방인 신자들이 로마로 향하게 되었어!"

"다니던 교회를 떠나 로마로 갈 사람이 몇 명이나 될까요?"

바울은 잠시 속으로 수를 헤아리더니 고개를 들었다. 그의 눈이 밝게 빛났다.

"최소한 서른 명은 될 걸세!"

우리는 환호성을 질렀다.

"곧 두란노 서원에서의 모임을 중단해야 할 것 같아. 아굴라 형제님에게도 그렇게 말해두었네. 우리의 에베소 시대가 저물어가고 있어.

자네들도 알다시피 나는 고린도 교회에 편지를 썼네. 소스데네가 편지를 전달하기로 했고, 디도 형제가 곧 고린도로 떠날 걸세.

내가 처음 고린도에 들어간 지도 벌써 6년이 되었네. 고린도에 도착했을 때, 데살로니가에 편지를 썼지… 데살로니가 교회의 문제를 다룬. 그런데 그로부터 6년이 지난 지금, 이번에는 고린도 교회에 편지를 쓰게 되는군. 고린도 교회의 문제 대부분이 심각하고, 개중에는 매우 중대한 문제도 있네.

블라스티니우스가 갈라디아에 들어가 교인들을 현혹시킨 이후로 이토록 많은 문제를 안고 있는 교회는 처음일세."

디도가 말허리를 잘랐다.

"모두들 내가 선생님께 뭐라 말씀드렸는지 알았으면 하네. 만약 고린도 교회가 와해되면 그것은 분명 내 잘못이야. 하지만 나 같은 사람에게 그런 일을 맡기신 선생님에게도 책임이 있네."

바울이 말했다. "안디옥의 디도, 자네는 고린도에 가게 될 걸세. 자네는 이 일의 적임자이고, 고린도 교인들을 잘 인도할 거야. 그리고 자네가 그들을 인도할 곳은 예수 그리스도시지."

"오 이런," 디도가 신음하며 두 손으로 얼굴을 감싸 쥐었다. "제가 제 무덤을 팠군요."

"자네는 대답하지 말았어야 했어, 디도. 하지만 대답을 했으니 고린도에 가기를 자원한 셈이지. 자네는 고린도에 가서 주 예수 그리스도에 대해 더 많이 들어야 하는 교인들을 잘 인도할 걸세."

바울이 보여준 낙천주의의 이면에는 마음속의 고통이 자리하고 있었다. 하지만 그렇기는 해도 그날 그 방 안에는 고린도 교회가 되살아나리라는 희망과 함께 참된 기쁨이 있었다.

우리가 알지 못했던 것은 앞으로 더욱 멋진 일이 우리를 기다리고 있다는 것이었다. 바울은 더욱더 놀라운 소식을 준비해두고 있었다.

31
바울이 준비한 놀라운 계획

"브리스길라와 아굴라 부부뿐만 아니라 다른 사람들도 로마에 가게 되었다네. 그리고 그 밖에도 할 말이 더 있네." 바울이 말했다.

"에베소에서의 생활이 거의 끝나가네. 아마 두세 달 뒤에는 우리 모두 이곳을 떠나게 될 걸세. 그때는 자네들 여덟 명 모두 나와 함께 이곳 소아시아에 있는 어린 교회들을 둘러보세나. 어쨌든 이 교회들은 자네들이 세웠으니까.

그런 다음에는 소아시아를 떠나서 그리스와 갈라디아, 길리기아에 있는 교회들을 방문하기로 하세. 그 교회들에서 거둔 헌금을 받아 예루살렘 교회에 전달하기도 할 겸."

"정말요?" 가이오가 외쳤다.

바울이 미소 지었다. "그렇다네. 자네들 모두 나와 함께 이 교회들을 방문할 걸세. 그러고는 다 같이 예루살렘에 가는 거지."

우리 여덟 명은 벌떡 일어나 소리를 지르며 서로 껴안았다.

마침내 우리가 진정이 되자 바울은 우리에게 살짝 화난 체했다. 하지만 그럼에도 우리를 대견해하는 마음은 감출 수 없었다.

"소아시아 교회들에서 거둔 헌금은 두기고와 드로비모가 운반하고, 갈라디아 교회들에서 거둔 헌금은 가이오가 운반하게 될 거야. 그리스 교회들에서 거둔 헌금은 아리스다고와 소바더, 세군도가 운반하고, 시리아와 길리기아 교회들에서 거둔 헌금은…" 바울은 말을 멈췄다. "디도와…"

그런 다음, 바울은 우리를 또 한 번 놀라게 했다. "누가가 운반하게 될 걸세."

너무나 짧은 시간에 너무나 많은 것을 들은 우리는 바울의 말을 이해하려고 애썼다.

"방금 전에 누가가 이곳 에베소로 오고 있다는 소식을 들었네. 뭔가 새로운 소식을 전하러 오는 걸 테지. 그게 무엇인지는 모르겠지만 좋은 소식은 아닐 거야. 누가는 전에도 안디옥에서 나를 찾아온 적이 두 번 있었는데, 두 번 다 안 좋은 소식을 전해주었거든."

잠시 침묵이 흘렀다. 이윽고 두기고가 침묵을 깨고 물었다.

"선생님, 예루살렘에 대해 하신 말씀 말인데요. 정말로 우리 여덟 명이 다 예루살렘에 가나요?"

"그렇다네. 자네들 여덟 명 모두 다. 자네들은 그리스와 소아시아, 갈라디아, 길리기아, 시리아에 있는 교회들의 심부름꾼 역할을 하게 될 거야. 그 교회들에서 자네들에게 헌금을 넘겨줄 때, 그 액수를 세어보고, 그것을 예루살렘 교회에 전달할 때 다시 그 액수를 세어보게. 그리고 자네들이 받은 헌금 액수와 예루살렘 교회에 전달한 헌금 액수가 같은지 여부를 증언해주게."

바울은 만면에 미소를 지었다.

"내 자네들에게 예루살렘을 구경시켜주고 내가 아는 모든 것을 알려주지."

우리는 바울 주변에 모여 환호성을 지르면서 바울을 껴안고 서로를 껴안았다.

우리가 진정이 되자 바울은 다시 말을 이었다.

"나는 늘 자네들 여덟 명이 열두 사도를 만나는 게 중요하다고 생각해왔네."

"열두 사도요?" 가이오가 외쳤다.

"그래, 열두 사도. 그리고 예루살렘을 보는 것도 중요하지. 하지만 나는 무엇보다도 예루살렘의 형제자매들이 이방인 사역자들의 존재를 알았으면 하네. 그들이 자네들과 알고 지냈으면 해. 내 확신컨대 언젠가 많은 유대인이 이스라엘을 떠나 피난을 가게 될 거야. 그날 많은 유대인 신자들이 이방 나라로 향할 걸세."

바울은 머리를 긁적였다.

"이런 말을 해도 될지…. 내가 하는 말이 이 방 바깥으로 새어나가는 일이 없도록 하게. 이것은 비밀일세! 제국 전역에 예루살렘에서 일어나고 있는 일을 못마땅하게 여기는 유대인 신자들이 많다네. 가난한 신자들에 대한 불공평한 처사 때문이지. 지금 이스라엘에는 흉년이 들어 많은 사람들이 굶주리고 있네. 예루살렘 성전에는 전 세계 유대인들이 보내오는 세금이 있는데, 전통적으로 이 돈은 성전 운영비와 가난한 사람들을 위한 구제 기금으로 사용되어왔지. 그런데 성전 측에서 가난한 신자들을 돕지 않고 있다네.

자네들이 다른 누구에게도 말하지 않았으면 하는 것은 바로 이걸세. 이방 교회의 유대인들과 키프러스와 시리아에 있는 유대인들 중에 세금을 예루살렘 성전에 보내는 대신 그 돈을 직접 이스라엘에 있는 가난한 신자들에게 보내고자 하는 사람들이 있다는 것.

우리가 예루살렘으로 운반할 돈이 바로 그 돈이라네. 그건 적은 액수가 아니야. 이 일에 유대인과 이방인이 함께하게 되어 얼마나 감사한지….

하지만 내 말을 명심하게… 이 일에는 반발이 따를 거야, 극심한 반발이."

나, 디모데는 바울을 짓누르는 그 모든 것을 떠올리며 '열 사람이 감당하기에도 벅찬 이 모든 것에 또 한 가지가 더해지는구나' 하는 생각을 하지 않을 수 없었다.

"고린도 교회와 그 교회에 보내는 편지 말인데…" 바울이 갑자기 화제를 바꿨다. "자네들은 에베소 인근의 마을들을 두루 다니면서 이 지역의 교회들을 경험해왔기 때문에 교회 생활을 잘 알아. 주님에 대해서도 조금은 알고 말이지… 이제 나는 자네들이 고린도 교회의 실상을 알았으면 하네. 고린도 교회는 다른 모든 교회를 합쳐놓은 것보다 더 많은 문제에 직면해 있어.

 우리는 고린도 교회를 이 위기에서 구해달라고 하나님께 기도할 걸세… 그리고… 그러고는 한 발 뒤로 물러서서 하나님이 어떤 일을 하시는지 볼 거야!"

 그런 다음, 바울은 다양한 문화가 혼재하는 고린도 교회와 관련하여 그가 마음속 깊은 곳에서부터 느끼는 두려움을 나눴다.

 우리는 무릎을 꿇고 기도하기 시작했다. 그리고 오랫동안 주님 앞에 마음을 쏟아놓았다. 그날 우리는 고린도 교회를 위해 간절히 기도했다.

 바울은 모임을 마치면서 이렇게 말했다.

 "디도가 고린도로 떠나기 직전에 고린도 교회에 보내는 편지의 사본을 자네들에게 읽어줄 걸세."

 며칠 뒤, 아볼로가 에베소에 도착했다. 바울에게 고린도 교회의 상황을 이야기하고 그의 잘못을 사과하기 위해 온 것이다.

 아볼로의 출현은 바울로 하여금 고린도 교회에 보내는 편지를 찢어버려야 할지 여부를 고민하게 했다. (아볼로는 바울이 고린도 교회에 보내는 편지가 있다는 사실을 알지 못했다.)

 바울은 너그럽게도 아볼로에게 다시 고린도로 가서 사역을 하라고 청했지만, 아볼로는 완강하게 거절했다. 그리하여 바울은 원래의 계획대로 고린도 교회에 편지를 보내기로 했다.

 그로부터 얼마 후, 바울은 우리를 두란노 서원으로 불렀다. 우리는 그가 우리를 부른 이유를 알고 있었다.

 우리 여덟 명은 바울이 쓴 편지의 내용을 듣게 될 터였다.

32
고린도 교회에 보내는 편지를 다시 들려주다

늦은 오후였다.

바울은 우리에게 앉으라고 말한 뒤, 두루마리를 펼쳐서 디도에게 읽으라고 주었다. 디도와 나를 제외한 여섯 명은 그 편지가 매우 길다는 것을 알았다. 나는 편지를 받아 적었으면서도 바울이 하는 말이 교회를 파괴하거나 적어도 커다란 위기를 불러오리라는 것을 깨닫지 못했었다. 이제 바울이 고린도 교회가 와해될 위험을 무릅쓰고 그 편지를 썼다는 게 우리 모두에게 분명해졌다.

그러나 바울은 고린도 교회가 와해될 위험을 무릅쓰는 동시에 고린도 교회의 운명을 주님께 맡겼다.

나, 디모데는 많은 사람들이 자신의 사역을 위해 싸우던 것을 기억한다. 그들은 누구에게 상처를 주든, 또 어떤 잔인한 말을 하든 상관하지 않았다. 그들에게는 다른 사람들이 비난을 당하고 욕을 먹는 것은 중요하지 않았다. 그들의 행동이 교회에 큰 해악을 끼치는 것쯤은 아무렇지도 않았다. 자신들의 사역을 계속하는 것만이 중요했다.

바울은 그렇지 않았다. 고린도 교회에 보내는 편지를 쓰기에 앞서 바울은 고린도 교회의 문제를 하나님의 보좌 앞에 가져와 씨름하다가 주님께 맡겼다. 그 순간부터 고린도 교회의 운명은 하나님의 손에 맡겨졌다.

디도가 편지의 사본을 읽었고, 우리는 다시 기도했다.

그로부터 사흘 뒤, 소스데네는 그리스 겐그레아로 가는 배의 선표를 끊었다. 그 사흘 동안 에베소의 모든 신자들이 많은 시간을 소스데네와 고린도 교회를 위해 기도하며 보냈다. 그 기도 하나하나가 다 필요하다는 것을 우리는 알고 있었다.

일주일 뒤, 디도가 고린도로 향했다. 배가 출항하기 전날 밤, 가이오와 내가 디도를 깨웠다. 우리는 그를 놀라게 해줄 생각이었다.

33
고린도로 떠나는 디도

"어서 나오게!" 가이오가 말했다.

디도가 방에서 나오자 나는 그에게 따라오라고 손짓했다. 디도는 가이오와 내가 마지막으로 할 말이 있어서 부르나보다 생각하고 따라 나왔다.

디도가 아무것도 모른 채 어두운 밤거리로 나오자 기다리고 있던 여섯 젊은이가 그를 에워쌌다.

"놀랐지?" 가이오가 말했다.

"여기서 뭣들 하나?"

"여기서 뭐 하냐고? 거리 한복판에 서서 자네를 부러워하고 있네. 그게 지금 우리가 하는 일이지."

"나도 같이 가면 좋을 텐데." 두기고가 말했다.

"나는 아닐세." 드로비모가 말했다.

"나는 디도가 가는 대신 내가 갔으면 좋겠네."

"그렇다면 자네들이 부러워할 만한 사실을 또 하나 알려주지." 디도가 말했다.

"우연히 알게 되었는데, 몇 주 뒤에 디모데가 마케도니아로 간다네."

모두들 우리 두 사람을 부러워하며 신음 소리를 냈다.

"너무 부러워 말게." 디도가 말을 계속했다.

"아마도 디모데는 마케도니아에서 유대주의자들을 만나게 될 테니까. 요즘 마케도니아로 향하는 유대주의자들이 많다더군."

그 말에 모두들 조용해졌다.

"그렇다면 전혀 부럽지 않네." 아리스다고가 말했다.

"마케도니아는 내 고향일세. 나는 마케도니아 사람들이 방문객을 두 팔 벌려 환영하리라는 걸 알아."

"왜 다들 자지 않고 나와 있나?" 디도가 화난 체하며 말했다.

"자네가 에베소에서 보내는 마지막 밤을 함께하기 위해서지. 그리고 자네가 깜짝 놀랄 일이 하나 더 있네."

그 순간 근처 출입구에서 덩치 큰 한 사내가 나왔다. 디도는 즉시 그를 알아보았다.

"에바브라!" 디도가 기쁨에 겨워 외쳤다.

우리는 서로 끌어안고 소리 지르며 주님을 찬양했다.

밤새 그렇게 야단법석을 하면서 매 순간을 즐겼다. 우리 아홉 명은 목청껏 소리 지르고 찬양하고 노래하면서 거리를 쏘다녔다. 에바브라를 다시 봐서 좋았다. 정말 좋았다. 우리는 늘 에바브라를 우리 중 하나로 생각했다. 디도가 고린도로 떠나기 전에 에바브라에게 편지를 보내서 오라고 한 것도 그래서였다. 에바브라는 배가 출항하기 몇 시간 전에 가까스로 도착했다.

우리는 서로 팔짱을 낀 채 거리를 돌아다녔다. 가끔씩 우리 중 한 명이 "예수 그리스도는 에베소의 주님이시다!" 하고 외쳤고, 그 뒤에는 항상 환호성이 따랐다.

한번은 유대인 회당을 지나게 되었다. (회당은 에베소 북부에 있었다.) 우리는 회당 앞에 서서 바울이 세 달 동안 그곳에서 설교할 수 있었던 것에 대해 하나님께 감사드렸다. 그리고 회당에 나오는 사람들 중 그리스도에 관심이 있는 사람들의 이름을 아뢰며 그들을 주님께 의탁했다.

그런 다음, 교외로 나와 카이스터 강으로 갔다. 그리고 세례 요한의 제자 열두 명이 예수 그리스도를 주님으로 영접한 곳에서 무릎을 꿇고, 그곳에서 세례를 받은 에베네도를 위해 기도했다. 에베네도는 브리스길라와 아굴라 부부와 함께 로마로 갈 예정이었다.

그런 다음에는 에바브라와 그의 고향 골로새를 위해 기도했다. 에바브라도 카이스터 강에서 세례를 받았기 때문이다. 에바브라는 우리에게 히에라볼리와 라오디게아를 위해 기도해달라고 요청했다. 그는 골로새에서 매우 가까운 이 두 도시에 그리스도를 전하기로 마음먹었기 때문이다.

우리는 강둑에서 무릎을 꿇고 우리가 하나님의 백성들에게 잔인한 말을 하지 않도록, 우리의 사역을 위해 싸우지 않도록 해달라고 기도했다. 우리가 하는 모든 일이 우리를 비난하는 사람들의 공격에 무너져 내리지 않게 해달라고 기도했다. 우리가 오직 금과 은과 보석으로 건물을 지을 수 있게 우리 삶을 인도해달라고 기도했다.

그런 다음, 에베소로 돌아와 로마 광장으로 갔다. 그곳에서 우리는 우리가 에베소를 떠난 뒤 하나님께서 라틴어를 할 줄 아는 젊은이들을 세우시기를, 그리하여 그들이 날마다 거기서 장을 보는 이탈리아인들에게 그리스도를 선포하고, 나아가 로마 제국 전역에 그리스도를 전파하게 하시기를 간구했다.

한 형제가 이렇게 기도하던 게 기억난다.

"주님, 로마에 사는 한 이탈리아인을 구원하셔서 그를 이곳 에베소에 보내 라틴 시장에서 설교하게 하소서. 그리고 그리스에 사는 한 사람을 구원하셔서 그를 이곳에 보내 그리스 시장에서 하나님을 선포하게 하소서."

우리는 로마로 떠날 채비를 하고 있는 이방 교회의 모든 형제자매들을 위해 기도했다. 브리스길라와 아굴라 부부를 위해 기도하고 아벤티누스 언덕에 있는 그들의 새로운 집을 위해 기도하고, 그 집 거실에서 열릴 첫 번째 모임을 위해 기도했다.

우리는 길을 걸으면서 최근에 두아디라와 사데, 서머나, 마그네시아에 새로 생긴 교회들과 우리가 복음을 전한 모든 곳을 위해 기도했다.

빌라델비아를 위해서도 기도했다. 그곳의 형제자매들로부터 이제 막 모이기 시작한 신자들을 도와달라는 편지를 받았기 때문이다.

우리는 이 도시들에서 튼튼한 교회들이 나오게 해달라고 기도했다.

그 모든 곳의 형제자매들을 깊이 사랑했기 때문이다. 기도하는 동안 주체할 수 없이 눈물이 흐르기 시작했다. 곧 우리는 흐느끼는 것 외에 달리 아무것도 할 수 없게 되었다.

우리는 우리의 인간적인 연약함과 무력감, 두려움을 고백했다. 심령이 가난한 사람이 되게 해달라고 기도했다. 특히 이 교회들의 앞날과 관련하여 우리의 의지를 내려놓게 해달라고 기도했다.

그 후, 우리 아홉 명은 바울을 위해 기도하고 있었다. 우리는 점점 쇠약해져가는 바울의 건강을 위해 기도했다. 바울을 칼잡이들로부터 안전하게 지켜달라고 기도했다. 그가 무사히 예루살렘에 도착하게 해달라고 기도하고, 로마로 가고자 하는 꿈을 이루게 해달라고 기도했다.

"주님, 주님은 에베소에서 젊은이들을 훈련시키고 싶어 한 바울 선생님의 꿈을 이루어주셨습니다. 이제 선생님이 돌아가셔도 여덟 명… 아니, 아홉 명의 젊은이가 그 뒤를 이을 수 있게 되었습니다. 선생님이 살아 생전에 로마에서 주님을 선포할 수 있게 해주십시오. 선생님이 로마에 갈 수 있게 해주세요!"

그날 밤, 아홉 명의 젊은이가 어떤 기도를 드렸는지 여러분은 상상도 할 수 없을 것이다. 우리도 그날 밤 주님께 말씀드린 것들에 대해서는 함구할 수밖에 없다. 오래 기도할수록 우리의 기도는 점점 더 대담해졌다. 나, 디모데는 하나님이 이 모든 기도에 응답하셨는지 어떤지 알지 못한다. 언젠가 응답하실지 어떨지도 알지 못한다. 그러나 우리가 드린 모든 기도로 인하여 하나님께 감사드린다. 그날 밤, 우리의 영혼은 영원히 변화되었다.

가이오가 주님께 예루살렘에 가는 동안 우리의 안전을 지켜주셔서 열두 사도를 만날 수 있게 해달라고 기도했다. 그런 다음, 우리는 이방 세계, 즉 우리 세계를 위해 기도했다. 열두 사도가 유대 세계에 충실했듯이 우리도 그리스도와 이방 세계에 충실하게 해달라고 기도했다. 이제껏 과연 이런 기도를 드린 젊은이가 있었던가?

(우리 아홉 명의 젊은이가 일선에서 물러날 때가 된 지금도 나는 하나님께 기도한다. 우리를 대신할 새 세대의 젊은이들을 세우시기를….)

우리는 일어나서 눈물을 닦고 서로 껴안았다. 그리고 다소의 바울에게서 배울 수 있는 특권을 허락하신 하나님께 감사드렸다. (우리가 가장 많은 눈물을 쏟은 것은 아마 그때였을 것이다.)

새벽이 가까웠으므로 나는 우리가 브리스길라의 집으로 돌아갈 줄 알았다. 그때 누군가가(가이오였던 것 같다.) 아르테미스 신전으로 가자고 제안했다.

그리하여 우리는 세계 7대 불가사의 중 하나인 아르테미스 신전으로 향했다. 신전에 도착하니 횃불이 아름다운 대리석 계단을 비추고 있다. 세군도가 첫 번째 계단에 서서 신전을 향해 말했다.

"너는 300년 전에 지어졌다. 지진이 나서 무너졌다가 다시 지어졌지. 또다시 지진이 날 수도 있어. 언젠가 주님이 너를 영원히 무너뜨리시기를…."

세군도가 다시 말을 이었다. "너는 피난처로 불린다. 많은 사람들이 붙잡히지 않으려고 네 안에 들어와 숨지. 하지만 너 아르테미스 신전보다 더 좋은 피난처가 있다. 바로 가장 위대한 피난처이신 예수 그리스도시지."

우리는 서로 팔짱을 낀 채 열네 계단을 올라가 돌기둥에 조각된 특이한 형상을 보았다. 그러고는 부지중에 두 줄로 나열된 기둥들 사이를 거닐었다. 거닐면서 주님께 말씀드렸다.

또다시 누군가가 (가이오였던 것 같다.) 말했다. "너희들은 각각 무게가 10톤이 넘겠지만, 어느 날 주님이 너희들을 죄다 무너뜨리실 거야."

우리는 신전 안쪽의 벽옥으로 된 기둥과 아르테미스 여신상을 둘러싼 휘장이 있는 곳까지 행진해갔다.

잠시 후, 우리의 존재를 알아차린 메가비지파 사제들 몇 명이 쫓아나왔고, 조금 뒤에는 쿠레테스파 사제들이 나와서 우리를 빤히 쳐다보았다. 그러나 우리는 개의치 않았다.

우리는 우리가 생각할 수 있는 모든 방법으로 그 신전이 파괴되기를 기도한 뒤, 예수 그리스도께 바치는 노래를 부르며 그곳을 떠났다. 아크로바타이파 사제들이 우리를 보고는 어깨를 으쓱하더니 경멸적으로 외쳤다. "그리스도인들이라니!"

우리는 미트라다테스 문을 지나 대리석 거리(Marble street)로 나왔다. 그러고는 도르시세스 시장까지 걸어가서 동틀 때까지 거기 앉아 있다가 원형 극장으로 가서 무대에 앉아 노래를 불렀다.

(불과 며칠 뒤에 바로 이 원형 극장에서, 그것도 바울로 인해 에베소 역사상 가장 큰 소요가 벌어지리라고는 우리 중 그 누구도 상상하지 못했다.)

그날 밤 세 번째로 우리는 어깨동무를 하고 에베소 시내를 행진했다. 그리고 디도를 방에 데려다주며 말했다.

"우리가 항구로 내려가 지켜보고 있다가 배가 출항할 준비가 되면 자네에게 알려주겠네."

배들은 늘 새벽에 출항하도록 예정되어 있지만 실제로 새벽에 출항하는 경우는 드물었다. 형제들이 디도를 깨운 것은 거의 정오가 다 되어서였다. 형제들은 디도에게는 아무것도 들지 못하게 하고 서로 짐을 지겠다고 실랑이했다. (어떤 자루에는 요한 마가가 지고 다닌 것만큼이나 많은 음식이 들어 있었는데, 그것은 두 사람이 운반했다.)

다 같이 선착장으로 가는 동안 디도가 마지막으로 그리스 시장 한가운데에 있는 물시계를 돌아보았다. 그러고는 항구 문(Harbor Gate)을 지나 에베소를 빠져나왔다. 우리는 거기서 서쪽의 대로(3년 전에 에베소에 올 때 지나왔던 길)로 접어들었다.

항구 쪽에서 노래 소리가 들렸다. 선착장에 100여 명의 형제자매가 디도를 전송하러 나와 있었다. 그 중에는 자신의 진지한 조카에게 이 모든 일이 일어나리라고는 꿈에도 생각지 못했던 누가도 있었다.

바울이 무리 가운데서 한 발 앞으로 나왔다. "준비되었나?"

"선생님이 디모데를 데살로니가로 보내시던 날의 디모데만큼이나 준비가 되었답니다."

"예수 그리스도의 부요와 은혜가 자네에게 넘치도록 함께하시길 바라네." 바울이 디도를 끌어안으며 말했다.

"이제 내 말을 잘 듣게. 디모데는 곧 빌립보로 떠날 걸세. 빌립보에서 데살로니가로 갔다가 다시 베뢰아로 갈 거야. 그리고 다시 빌립보로 돌아올 예정이지. 그동안 디도 자네는 고린도에 있을 거고. 내 디모데에게 자네가 빌립보에 올 때까지 빌립보를 떠나지 말라고 말해두었네. 그러니까 고린도에 있는 동안 디모데와 계속 연락을 취하면서 자네가 언제쯤 빌립보에 갈지 알려주게나. 연락을 취하는 데 드는 비용은 아끼지 말게. 자네가 디모데에게 연락을 취하면 디모데가 다시 내게 연락할 걸세.

나는 디모데를 마케도니아로 보내기까지 꽤 오래 기다렸네. 블라스티니우스가 빌립보와 데살로니가에서 자기 뜻대로 장난을 칠 시간을 충분히 주기 위해서 말일세. 지금쯤 블라스티니우스는 빌립보에 있을 걸세. 아니면 그가 보낸 다른 사람이 있거나.

디모데가 빌립보에서 자네를 기다린다는 것을 잊지 말게. 고린도를 떠날 때에는 반드시 빌립보로 가야 하네."

바울은 디도의 어깨에 손을 얹고 이렇게 덧붙였다.

"디도, 나는 고린도 교회가 여전히 존재하는지 여부를 꼭 알아야겠네. 그것을 알 때까지는 숨이 제대로 쉬어지지 않을 것 같아. 지금쯤 고린도 교인들은 편지를 읽었을 거야… 가서… 거기 머물면서… 그들을 도와주게. 그리고 그들의 반응(그것이 무엇이 되었든)을 확인하는 대로 빌립보로 가게. 가서 디모데에게 고린도에서 있었던 일을 전부 보고하게. 만약 고린도 교회가 여전히 존재한다면, 모임에서 방문객을 맞이한다면… 고린도 교인들이 무탈하게 잘 지낸다면 그때는 디모데를 보내 그들이 예루살렘의 가난한 신자들을 위해 모아둔 헌금을 받아오도록 하게. 그와 동시에 자네는 빌립보를 떠나 내가 있는 드로아로 오고.

나는 곧 에베소를 떠나 드로아로 갈 생각이네. 드로아에 전도의 문이 활짝 열렸기 때문이지. 유대인 회당 지도자들이 내가 와서 복음을 전해주었으면 한다네. 나는 그 문을 통과해야만 해.

디도 형제, 자네를 다시 만나면…"

바울의 눈에 눈물이 고였다.

"단 한 가지만 물을 걸세. '고린도 교회가 존재하는가?'라고…. 만일 고린도 교회가 존재한다면 두 번째 질문은, 이것도 첫 번째 질문만큼이나 중요한 건데 '내가 고린도 교회에서 여전히 환영 받을까?' 하는 것이 될 걸세."

"말씀하신 대로 하겠습니다. 그리고 반드시 드로아로 선생님을 뵈러 갈게요."

"드로아의 신자들은 블라스티니우스와 그의 추종자들이 아무리 애를 써도 그들의 계략에 넘어가지 않았지. 드로아의 많은 이방인들도 주께로 돌이켰고. 그 놀라운 일들을 함께 보세나." 바울의 목소리가 갈라졌다.

"되도록 빨리 드로아로 와주게. 고린도 교회로 인해 마음이 무너져 내리니까."

"선생님께는 지금이 가장 암울한 시기죠. 고린도 교회 문제에다 아볼로 형제님, 그리고 칼잡이들까지… 신경 쓰실 일이 너무 많아요. 게다가 베드로 사도님도 선생님만큼이나 위험한 상황이구요. 이스라엘 상황도 불안하고… 그리고 블라스티니우스, 늘 블라스티니우스가 문제예요. 그런데 이제 교회를 파괴할 수도 있는 편지를 보내기까지 하셨으니…."

바울은 멀리 바다를 바라다보았다. "그렇다네, 디도. 요즘은 내 인생에서 가장 어두운 시기야."

"드로아에서 다시 뵐 때는 선생님 인생의 아주 작은 부분이나마 밝혀 드릴 수 있으면 좋을 텐데요."

누군가 외쳤다. "배에 오를 시간이에요!"

노예들이 배의 양옆으로 이동하여 배를 바다로 밀어 넣을 준비를 했다. 나, 디모데는 온몸에 오스스 한기가 돌았다.

디도가 마지막으로 바울을 껴안았다.

형제자매들이 디도를 에워싸고 마지막으로 작별 노래를 불러주었다. 여덟 형제가 디도와 함께 배다리에 올랐다. 우리는 울면서 디도를 꼭 끌어안았다.

선장이 우리에게 배에서 내리라고 명령했다. 디도가 마지막으로 에바브라를 껴안았다. 배가 부둣가를 지나 에베소 만으로 나아갔다.

디도가 우리 쪽을 돌아보았다. 바울이 외쳤다.

"드로아에서 보세. 드로아에서 나와 만나기로 한 것을 잊지 말게!"

"그럴게요. 하지만 기억하세요, 이 일을 맡기에는 제가 턱없이 부족하다는 것을요."

내가 기억하는 마지막 장면은 다소의 바울이 부두에서 시리아 안디옥 출신의 젊은이, 지금 그가 하고 있는 일과는 아무 상관이 없는 젊은이에게 손을 흔드는 광경이었다.

그렇지만 나는 디도가 고린도에서 잘 해내리라는 것을 알고 있었다. 그는 이보다 더한 위기도 잘 넘겼기 때문이다. 수년 전 예루살렘에서 이 할례 받지 않은 시리아인은 열두 사도에게 맞서기까지 하지 않았던가.

34
바울이 에베소를 떠나다

　로마 제국 전역의 교회에서 30여 명의 이방인이 브리스길라와 아굴라 부부와 함께 로마로 가기 위해 에베소로 모여들었다. 대부분의 사람들이 에베소를 거쳐 로마로 가기로 한 것이다.

　그 몇 주 뒤에 에베소에서 소요가 일어났다. 이는 바울에게 에베소를 떠날 때가 되었음을 알리는 신호가 되었다. 에베소를 떠나던 날 바울은 그를 죽이러 온 칼잡이들과 숨바꼭질을 해야 했다.

　블라스티니우스는 마케도니아에서 시의회뿐만 아니라 교회와 유대인 회당에서도 바울을 모함하려고 그가 할 수 있는 일을 다 했다.

　이스라엘에는 기근이 들었다.

　이방 교회와 유대 교회 사이에 긴장이 고조되었다. (교회가 분열하면 하나님의 지상 사역이 위태로워질 터였다.)

브리스길라와 아굴라 부부는 로마에서 목이 달아날 위험이 있었다.

바울 일행과의 작별을 앞두고 있는 나, 디모데는 빌립보에서 블라스티니우스를 만날 게 확실했다.

그리고 주님은 이 와중에 바울에게 다른 모든 것을 다 합친 것보다 더 견디기 힘든 짐을 지우셨다. 바울은 그를 죽이기로 맹세한 자들을 피해 우회로로 에베소를 빠져나갈 것이다. 그리고 드로아에 도착해서 디도가 행방불명된 것을 알게 될 것이다. 혹 디도가 살해 당한 것은 아닐까? 그 때문에 바울은 "살아갈 모든 희망이 사라졌다."고 말할 정도로 괴로워했다.

바울은 자기 대신 디도가 살해 당했다고 믿었다.

우리는 드로아에서 어떤 일이 있었는지 알기에 앞서 먼저 에베소에서 일어난 소요와 로마로 떠난 브리스길라와 아굴라에게 일어난 일에 대해 알아야 한다.

나는 여기서부터 시작해서 이야기를 계속해달라고 브리스길라에게 부탁했다. 그녀는 바울의 로마행과 그 뒤에 이어진 그의 죽음에 대해 다른 누구보다 더 잘 이야기해줄 수 있을 것이다. (이 이야기는 『브리스길라의 일기』에서 다루고 있다—편집자주)

에필로그

나는 로마의 브리스길라이다.

방금 들은 소식에 의하면, 디모데가 은신해 있다고 한다. 네로 황제가 그를 죽이려 하기 때문이다.

그럼에도 디모데의 편지가 로마에 있는 내게 전해졌다. 여러분도 알다시피 디모데는 바울의 3차 전도여행에 관해 썼다. 내게 보내는 편지에서 디모데는 그 이야기를 이어서 써달라고 부탁했다. 그래서 오늘부터 나는 실라와 디도와 디모데가 시작한 이야기를 계속해서 써나갈 생각이다.

바울이 고린도 교회에 보내는 첫 번째 편지를 쓴 직후에 겪게 될 위기들에 관해 디모데가 한 말은 옳았다. 에베소에 소요가 일어났고, 디도는 행방불명이 되었으며, 블라스티니우스가 고린도에 도착했고, 유대 교회와 이방 교회가 분열할 조짐이 보인다.

그리고 아굴라와 나는 다시 로마로 돌아감으로써 언제라도 목이 달아날 수 있는 상황이었다. (아굴라는 유대인이고… 우리가 로마에 도착했을 때 유대인 추방령은 아직 유효했다.)

이 모든 것이 바울을 무겁게 짓눌렀다. 그는 디도가 살아 있다는 것을 알게 될 때까지 몹시 괴로워했다.

나는 이 모든 것들과 더불어 바울이 고린도 교회에 보내는 두 번째 편지와 로마 교회에 보내는 놀라운 편지, 그리고 고린도에서 예루살렘까지의 바울의 여정과 예루살렘에서 일어난 소요에 대해 들려드리고자 한다. 그리고 마지막으로 바울이 가이사랴에서 투옥된 사건과 로마까지 가는 동안에 겪은 험난한 항해에 대해 이야기하고자 한다.

사명선언문

너희가 흠이 없고 순전하여……세상에서 그들 가운데 빛들로
나타내며 생명의 말씀을 밝혀 _ 빌 2:15-16

1. 생명을 담겠습니다
만드는 책에 주님 주신 생명을 담겠습니다.
그 책으로 복음을 선포하겠습니다.

2. 말씀을 밝히겠습니다
생명의 근본은 말씀입니다.
말씀을 밝혀 성도와 교회의 성장을 돕겠습니다.

3. 빛이 되겠습니다
시대와 영혼의 어두움을 밝혀 주님 앞으로 이끄는
빛이 되는 책을 만들겠습니다.

4. 순전히 행하겠습니다
책을 만들고 전하는 일과 경영하는 일에 부끄러움이 없는
정직함으로 행하겠습니다.

5. 끝까지 전파하겠습니다
모든 사람에게, 땅 끝까지, 주님 오시는 그날까지
복음을 전하는 사명을 다하겠습니다.

서점 안내

광화문점 서울시 종로구 새문안로 69 구세군회관 1층
02)737-2288 / 02)737-4623(F)

강남점 서울시 서초구 신반포로 177 반포쇼핑타운 3동 2층
02)595-1211 / 02)595-3549(F)

구로점 서울시 동작구 시흥대로 602, 3층 302호
02)858-8744 / 02)838-0653(F)

노원점 서울시 노원구 동일로 1366 삼봉빌딩 지하 1층
02)938-7979 / 02)3391-6169(F)

일산점 경기도 고양시 일산서구 중앙로 1391 레이크타운 지하 1층
031)916-8787 / 031)916-8788(F)

의정부점 경기도 의정부시 청사로47번길 12 성산타워 3층
031)845-0600 / 031)852-6930(F)

인터넷서점 www.lifebook.co.kr